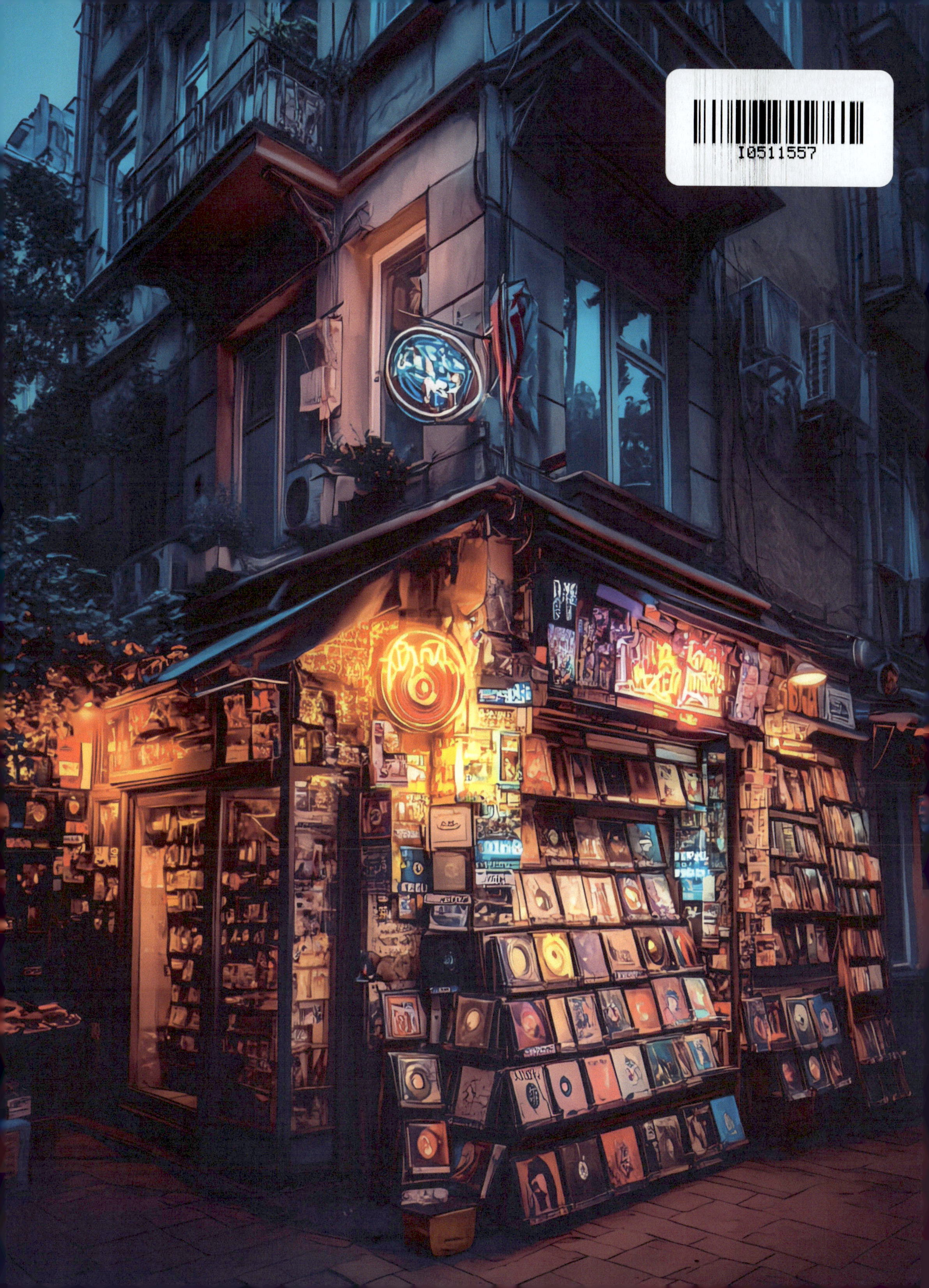

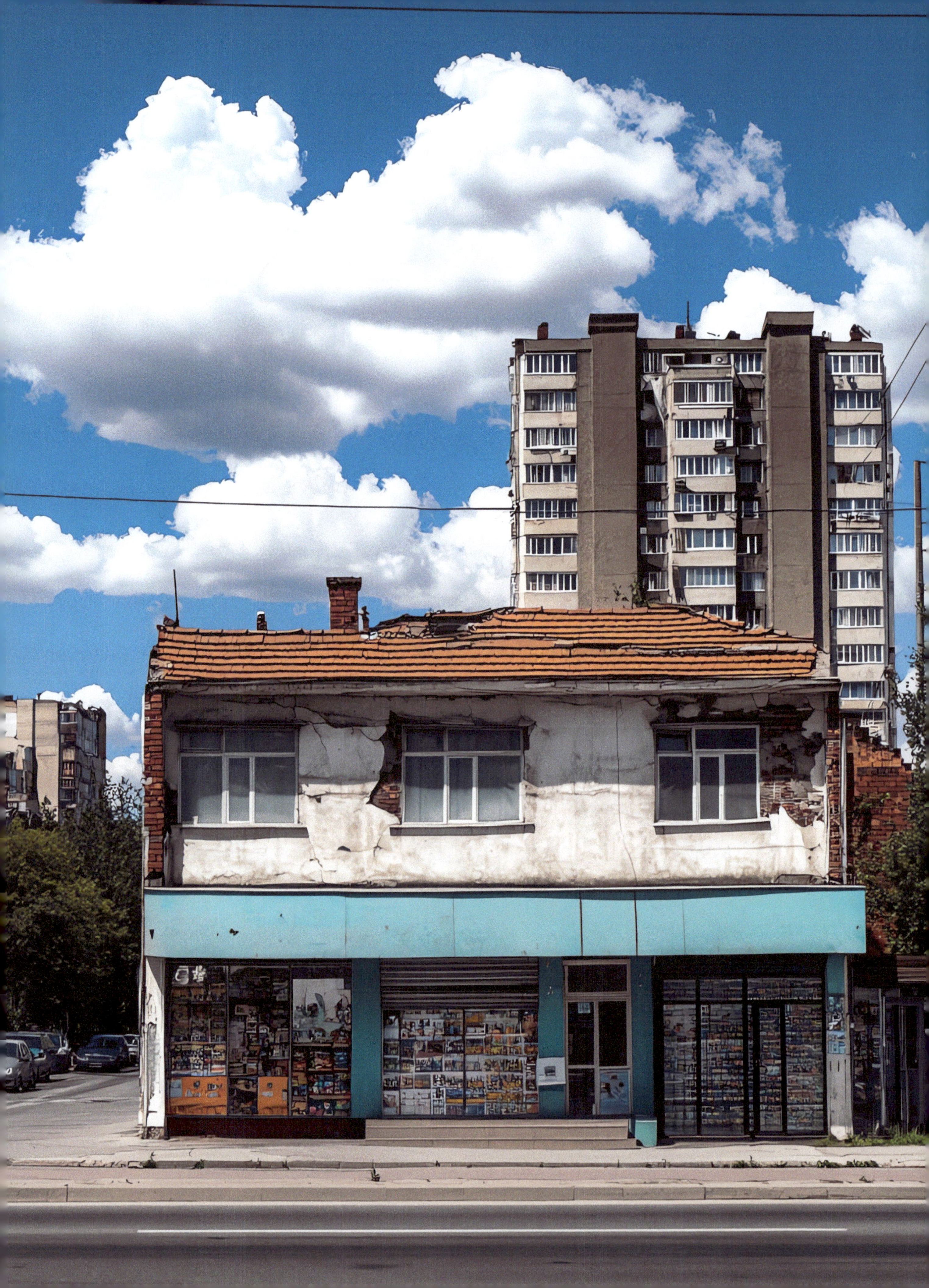

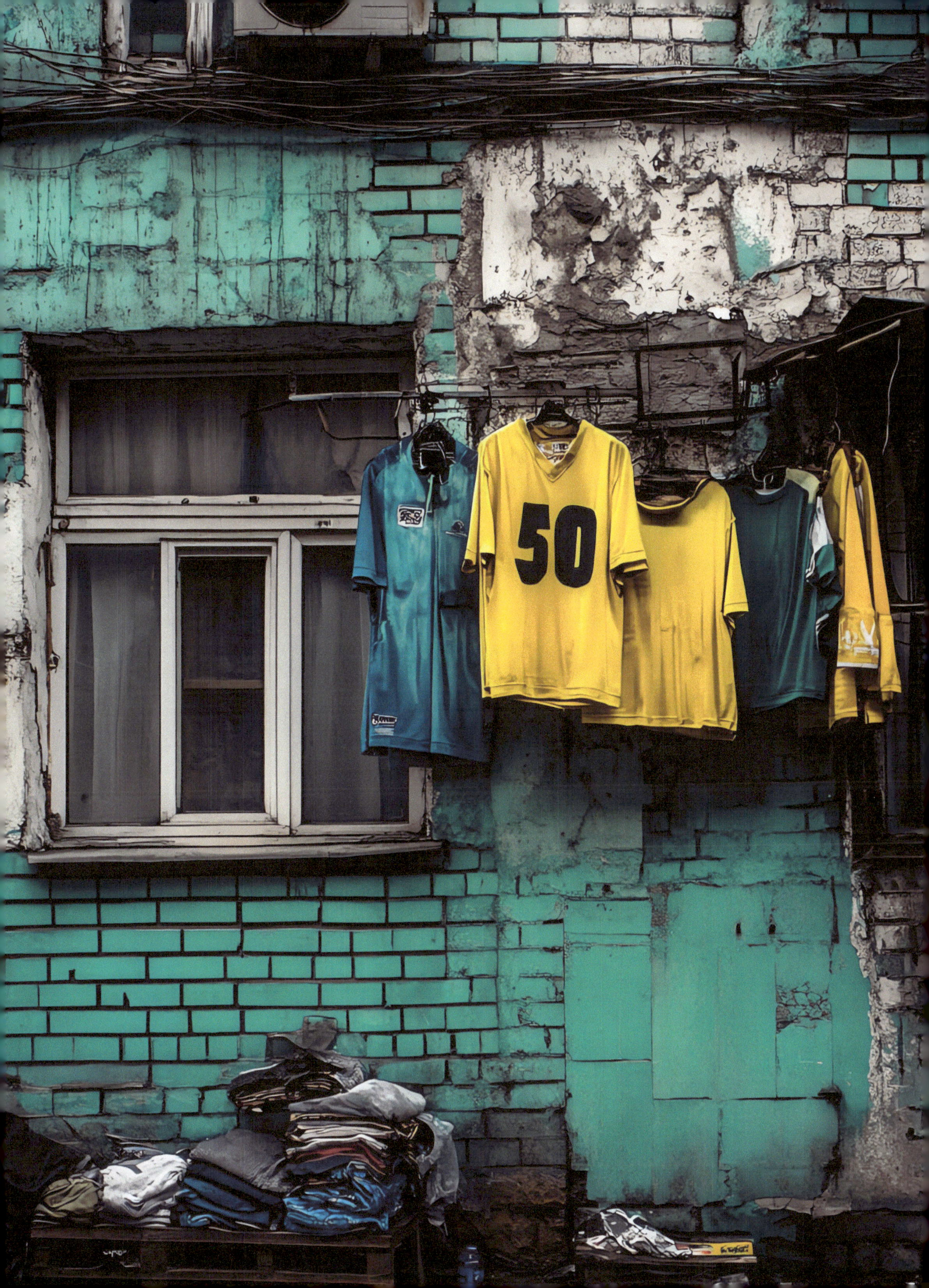
50

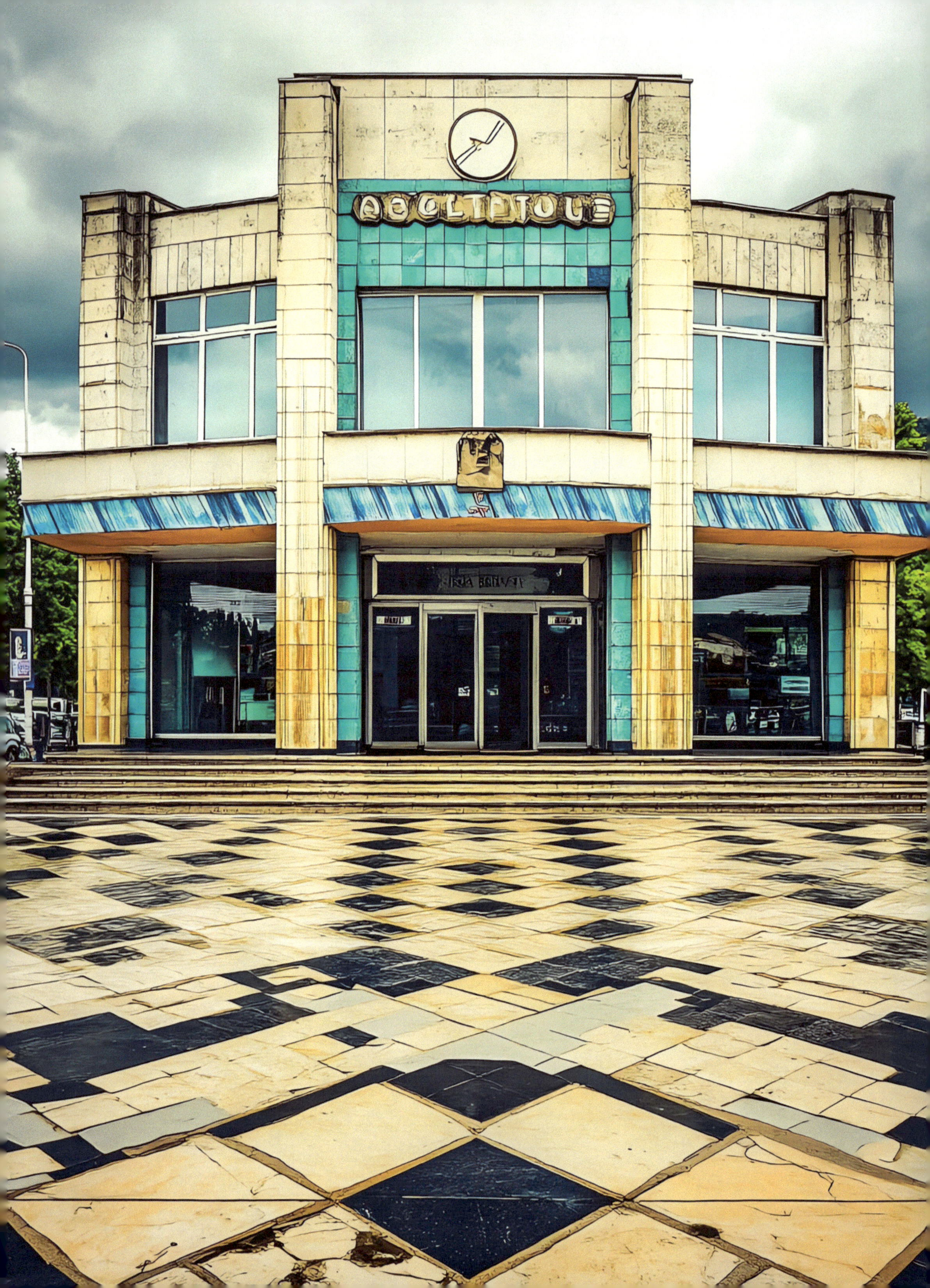

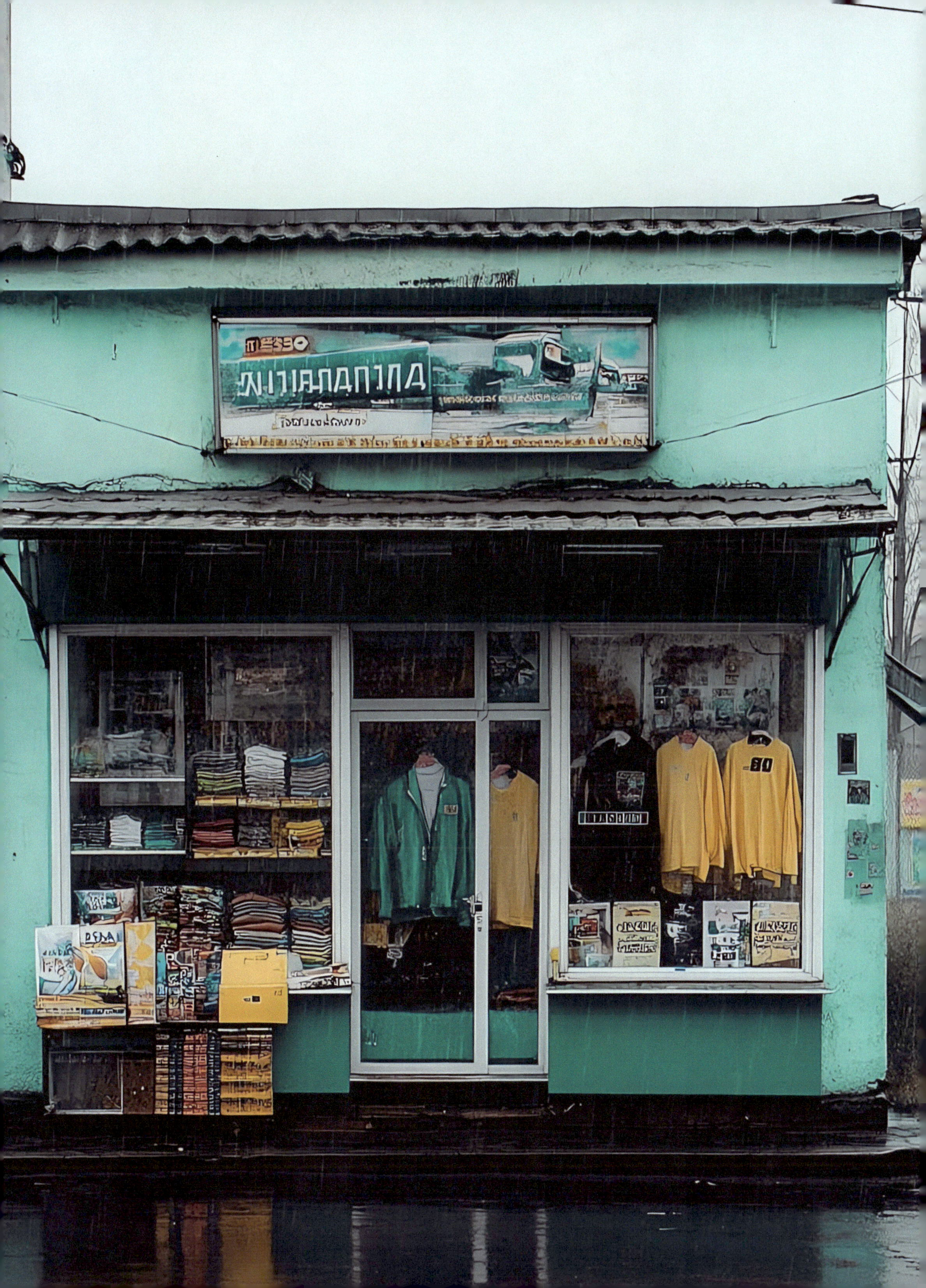

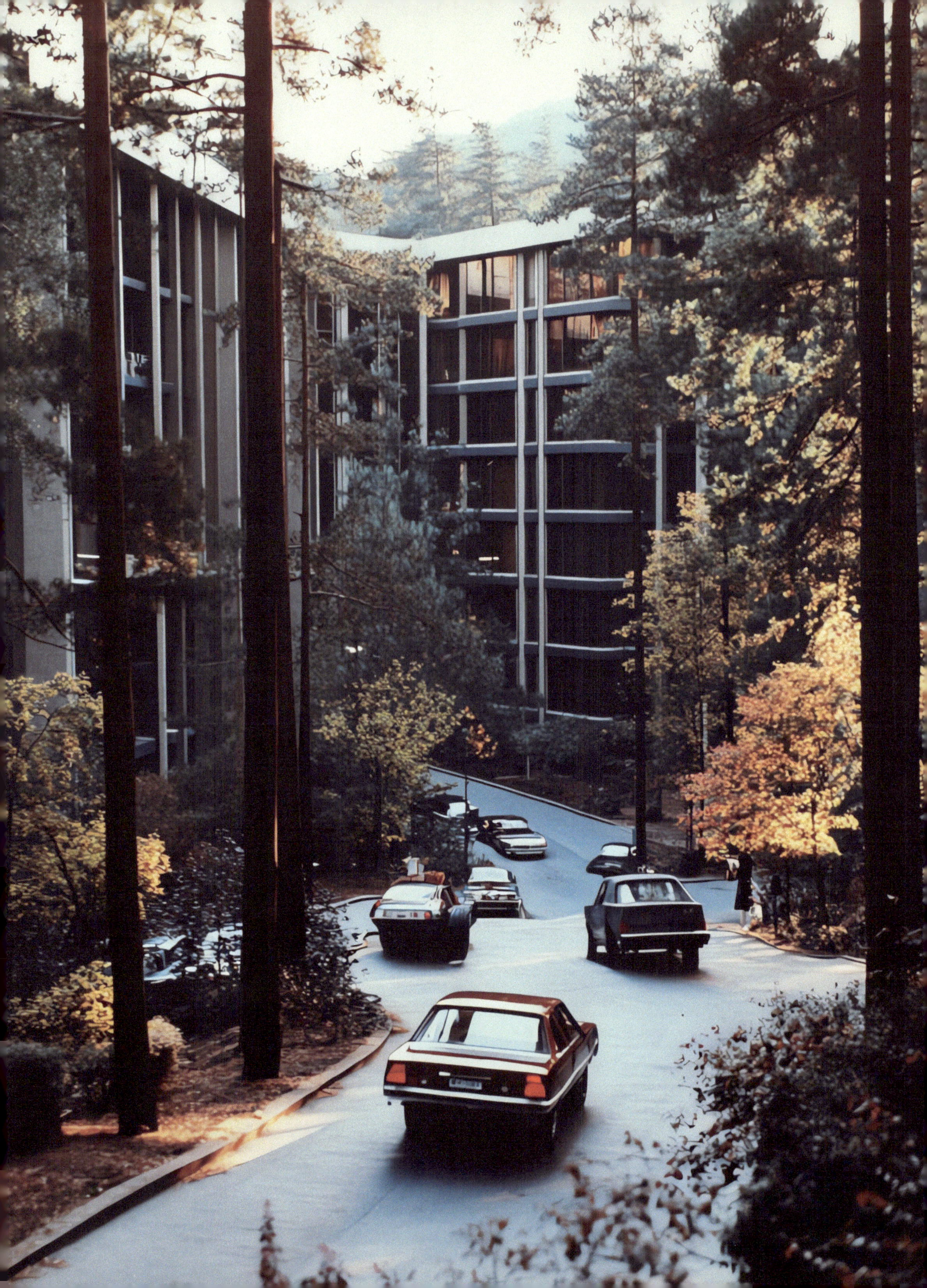

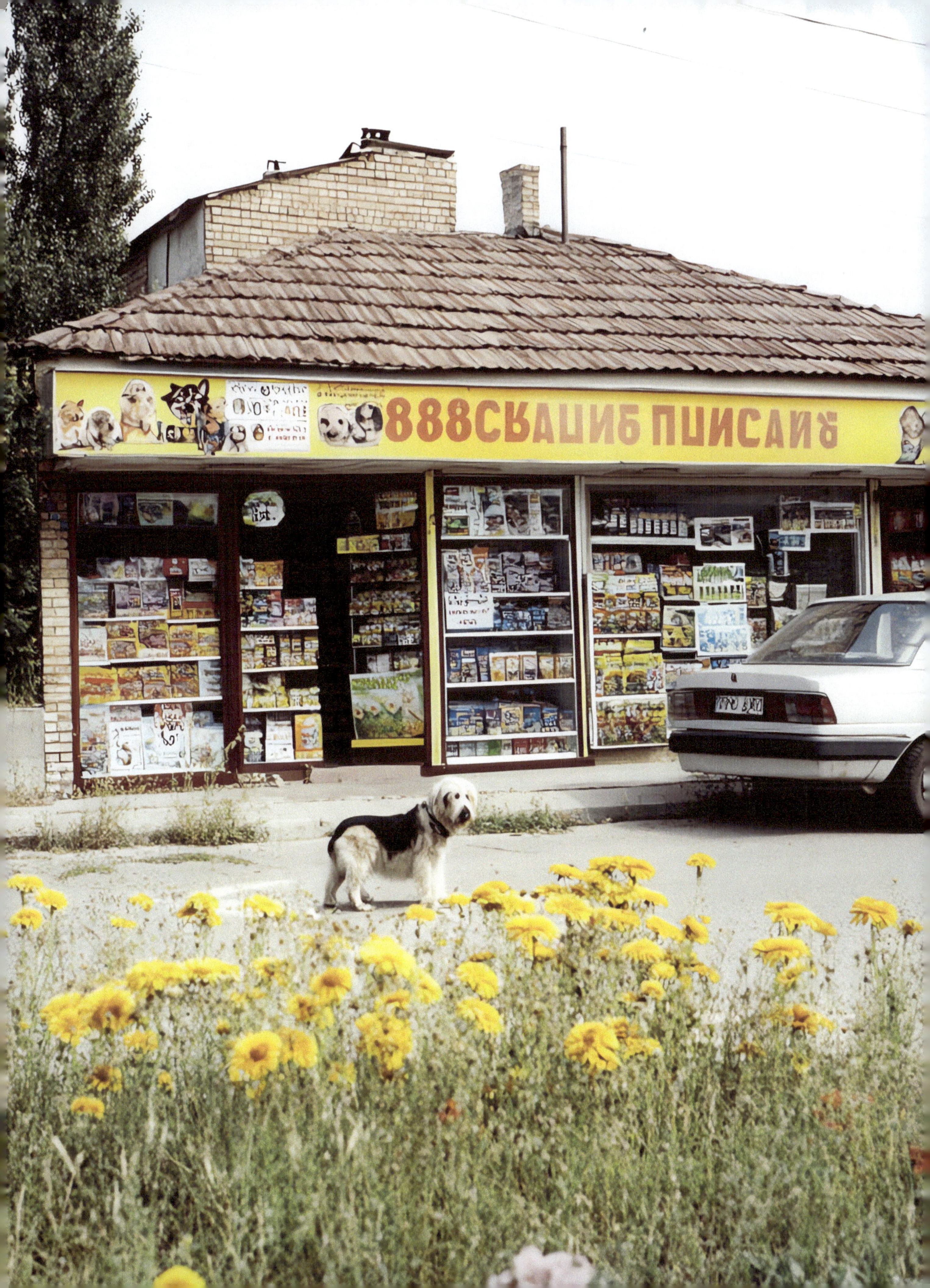

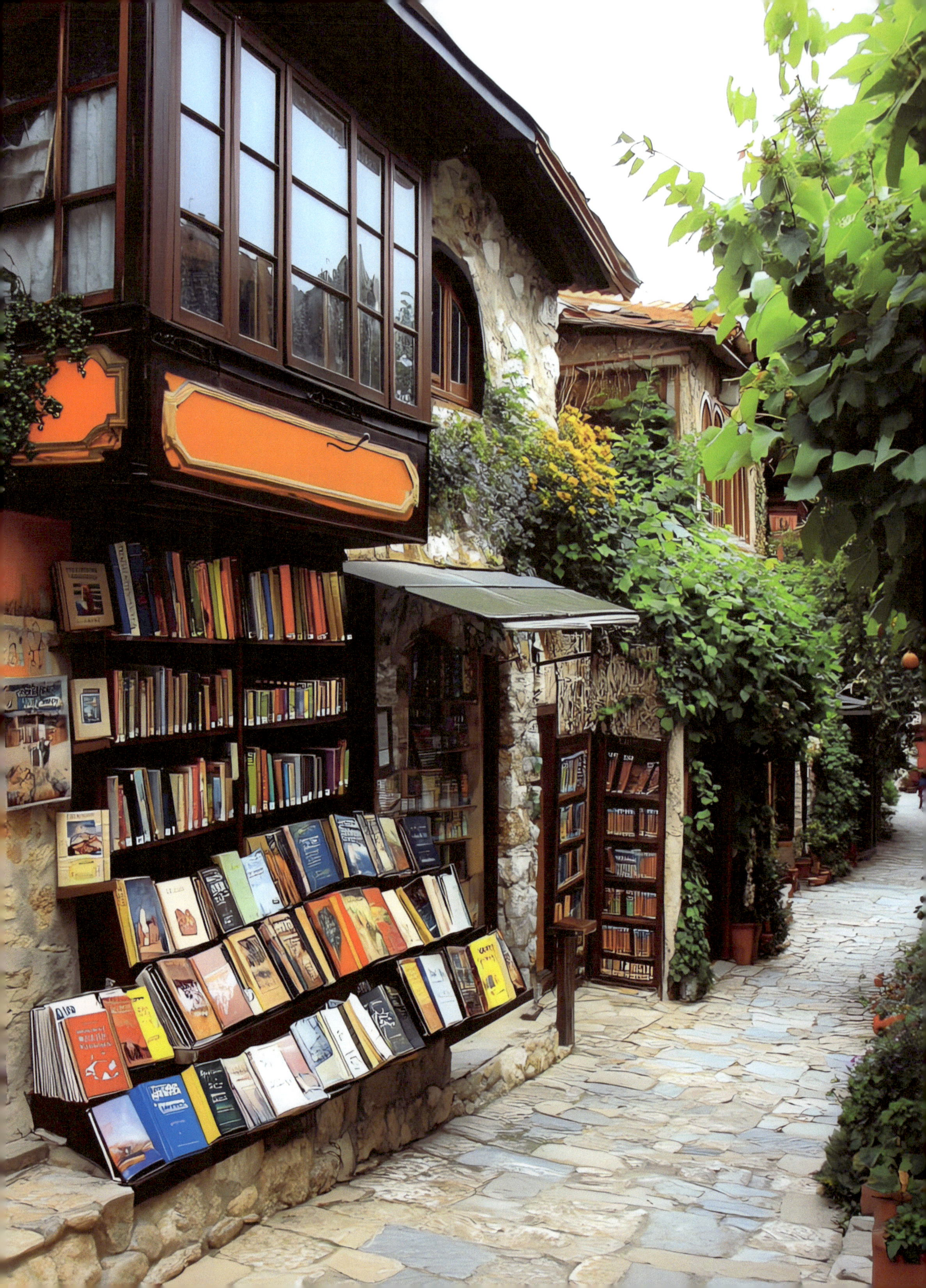

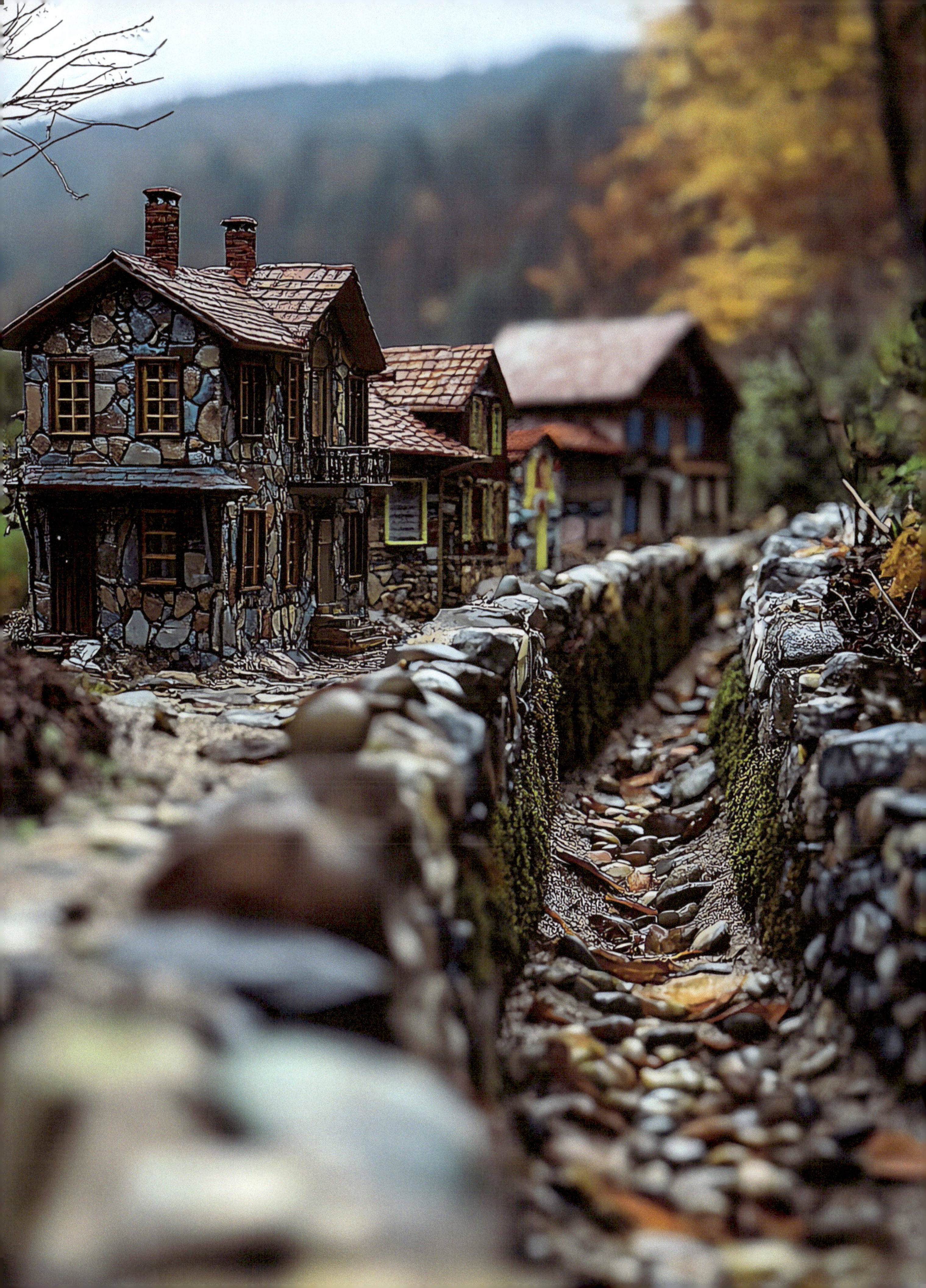

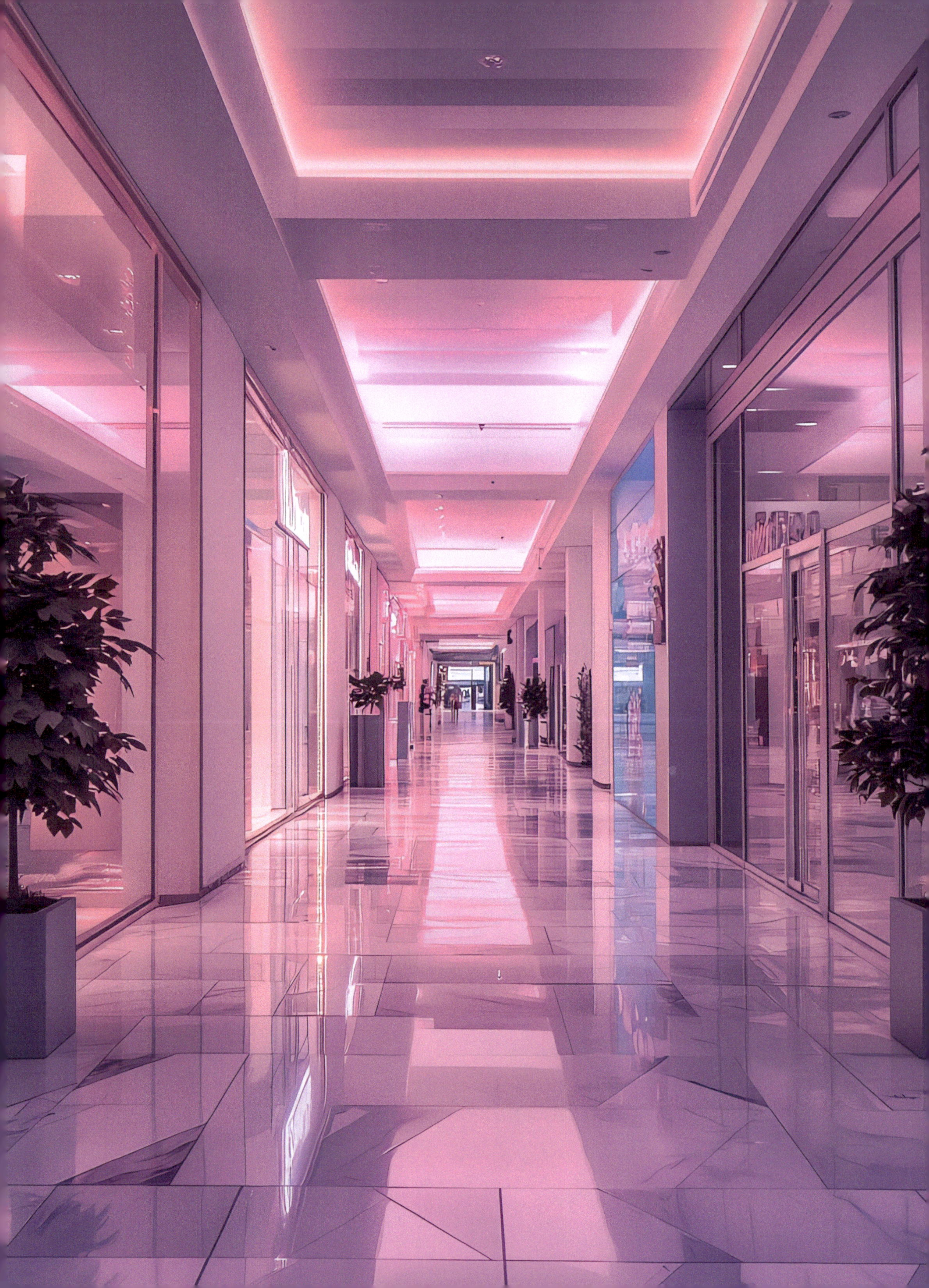

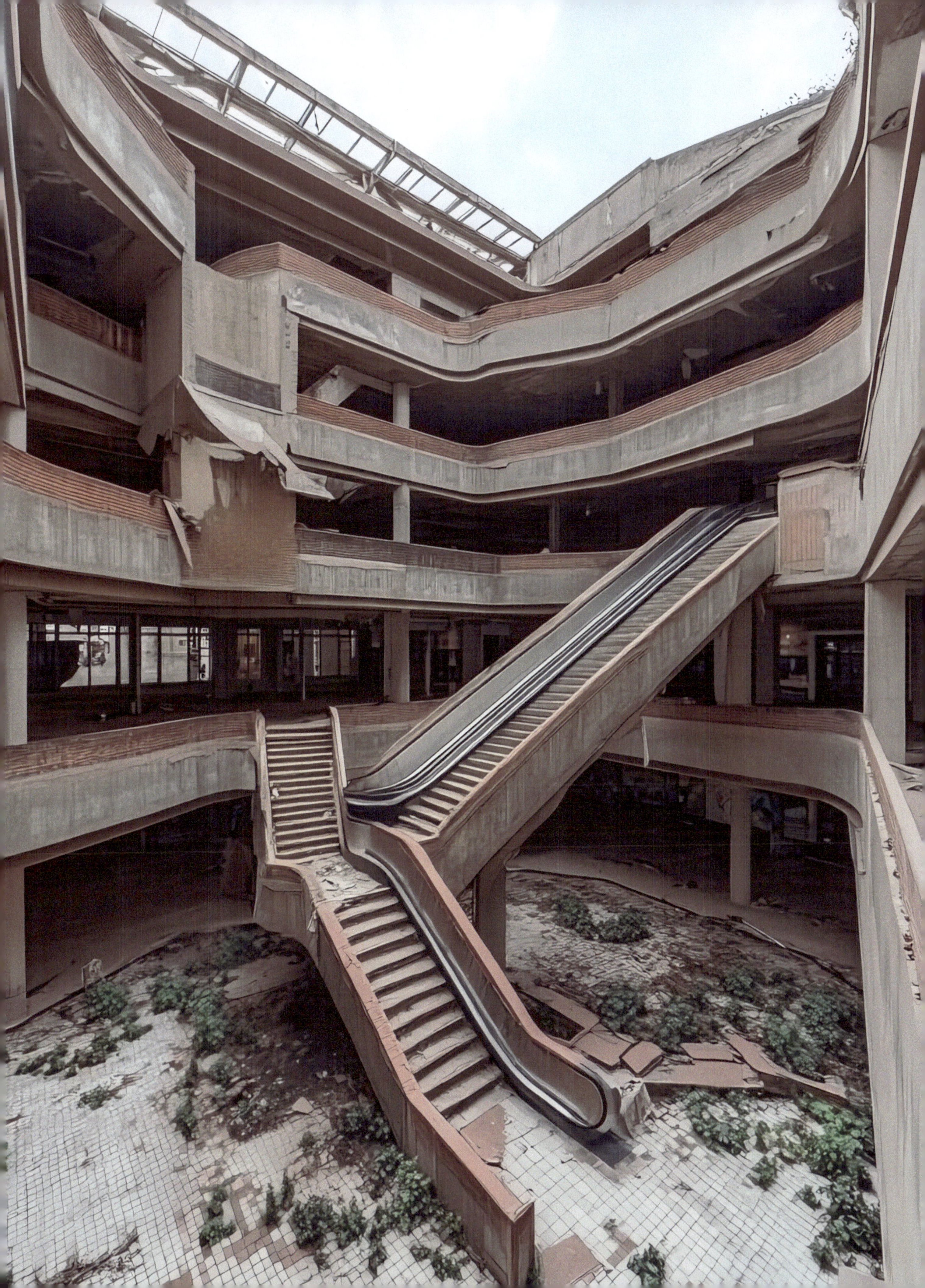

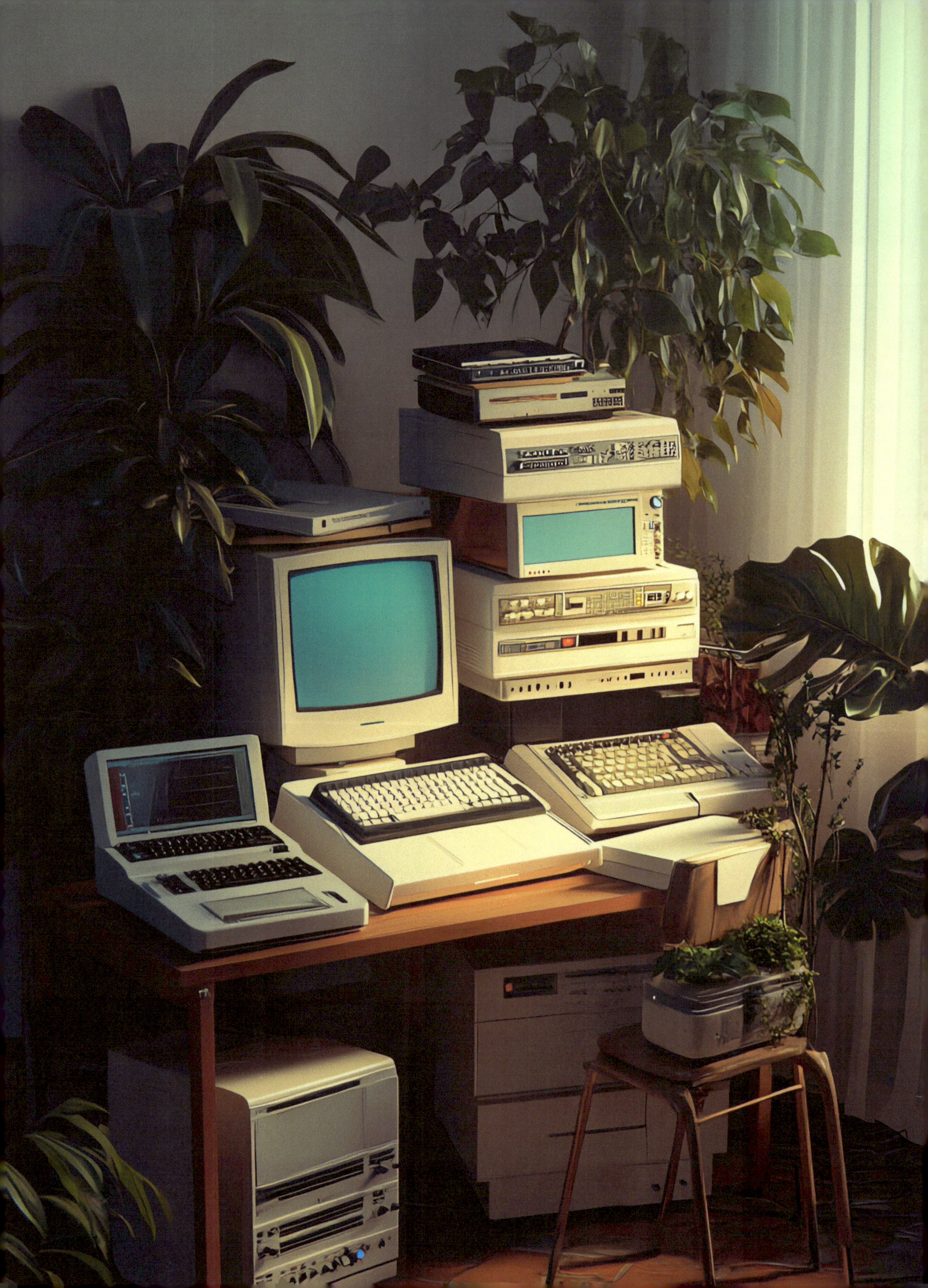

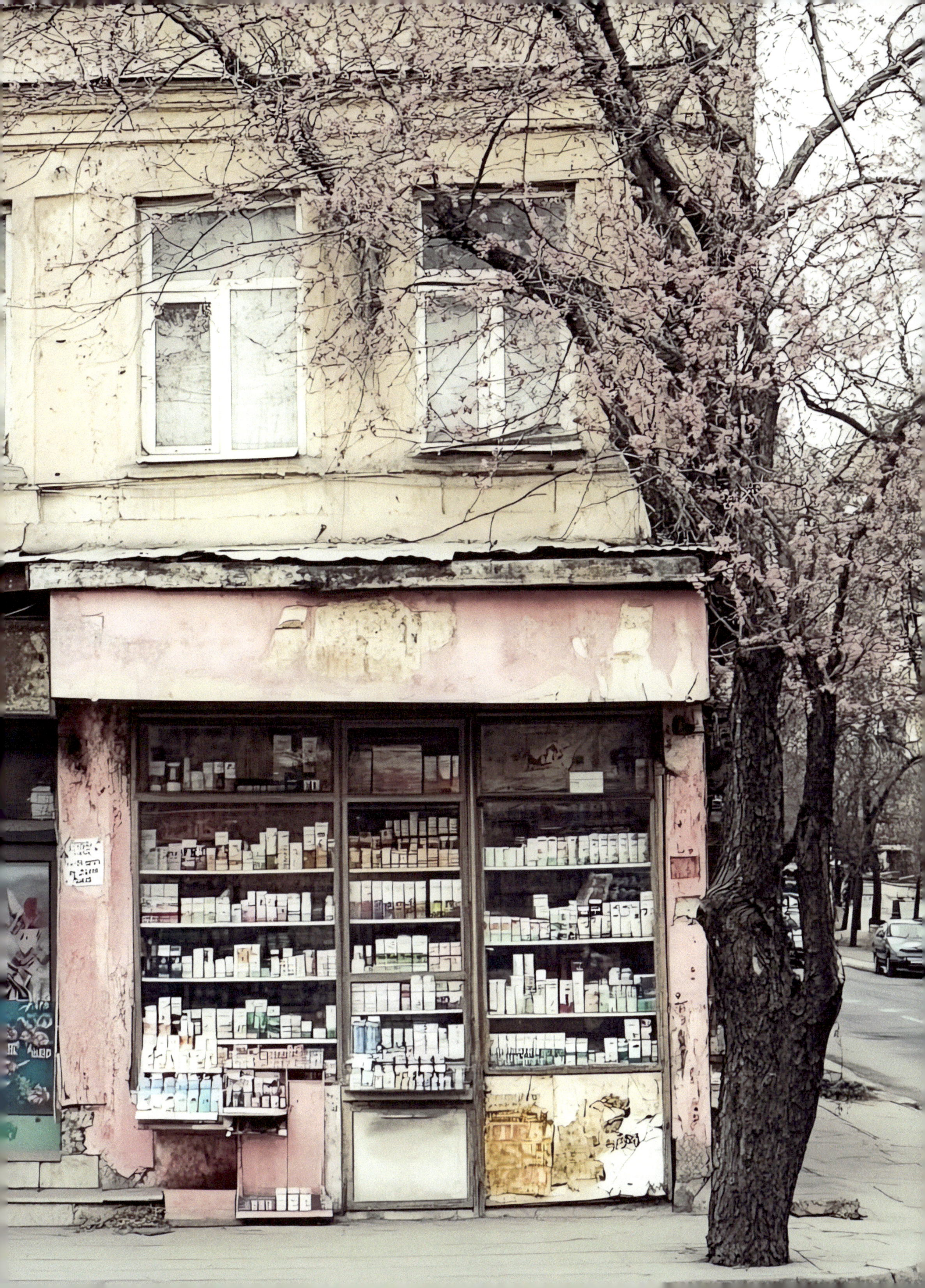

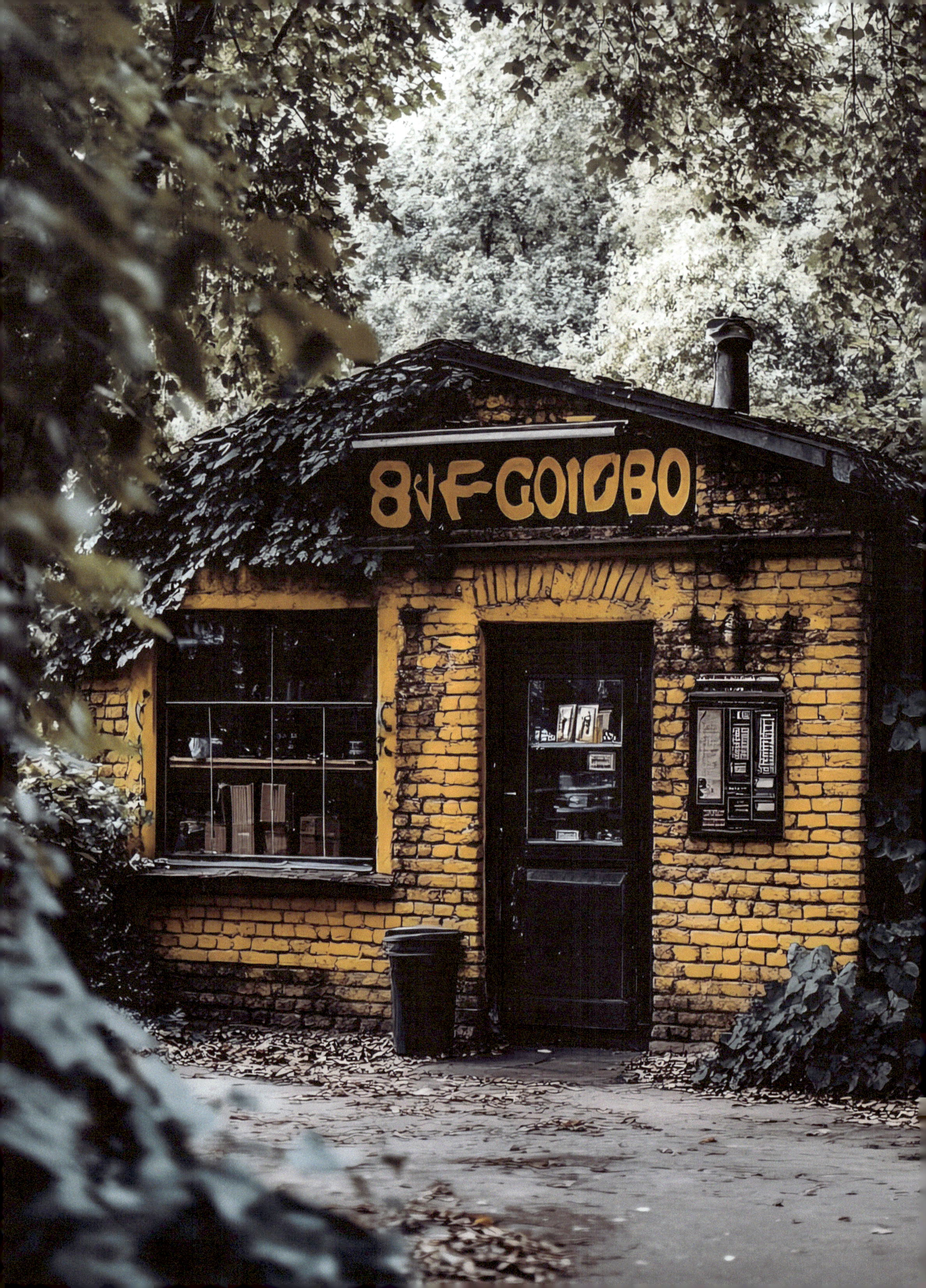

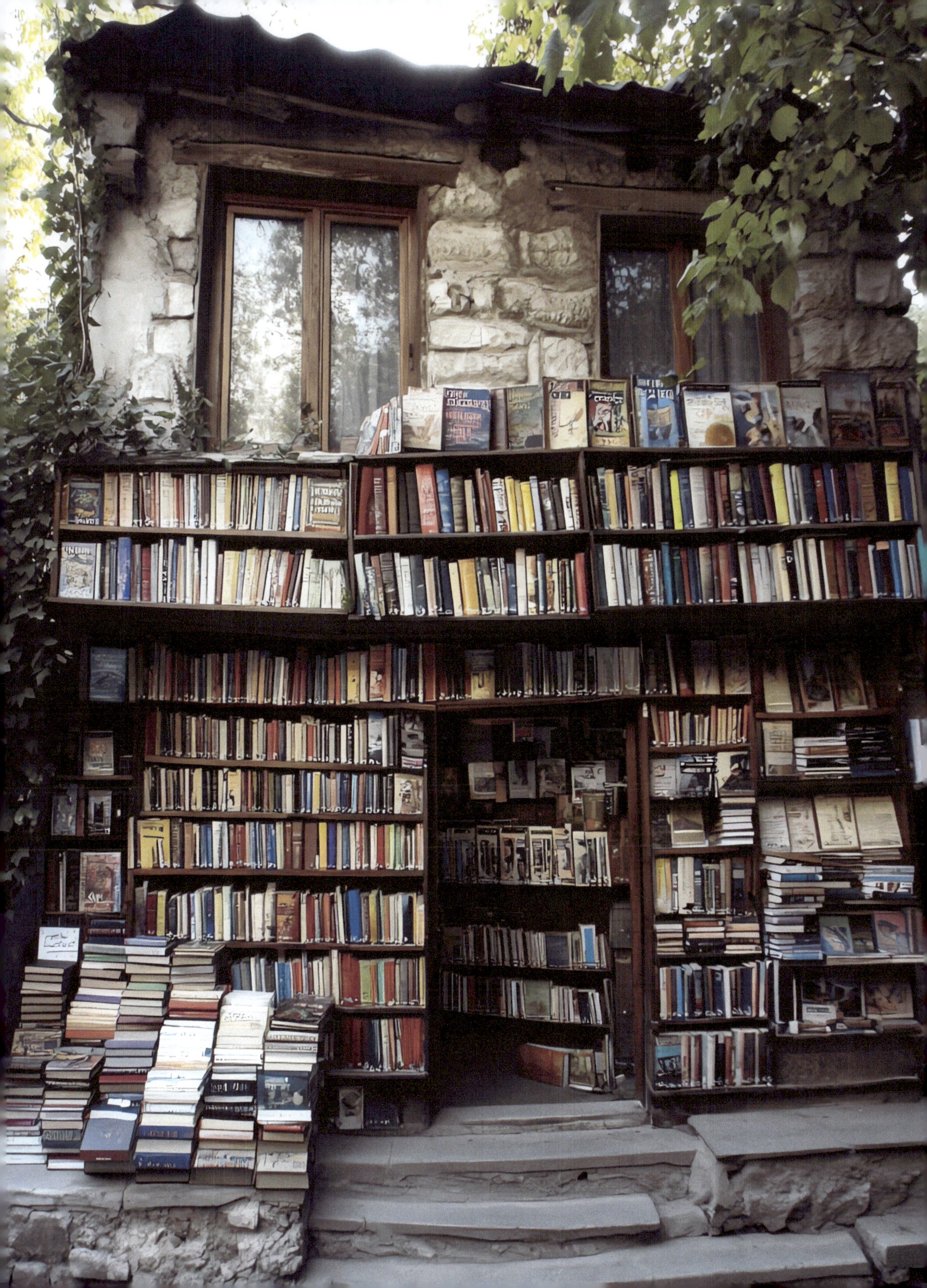

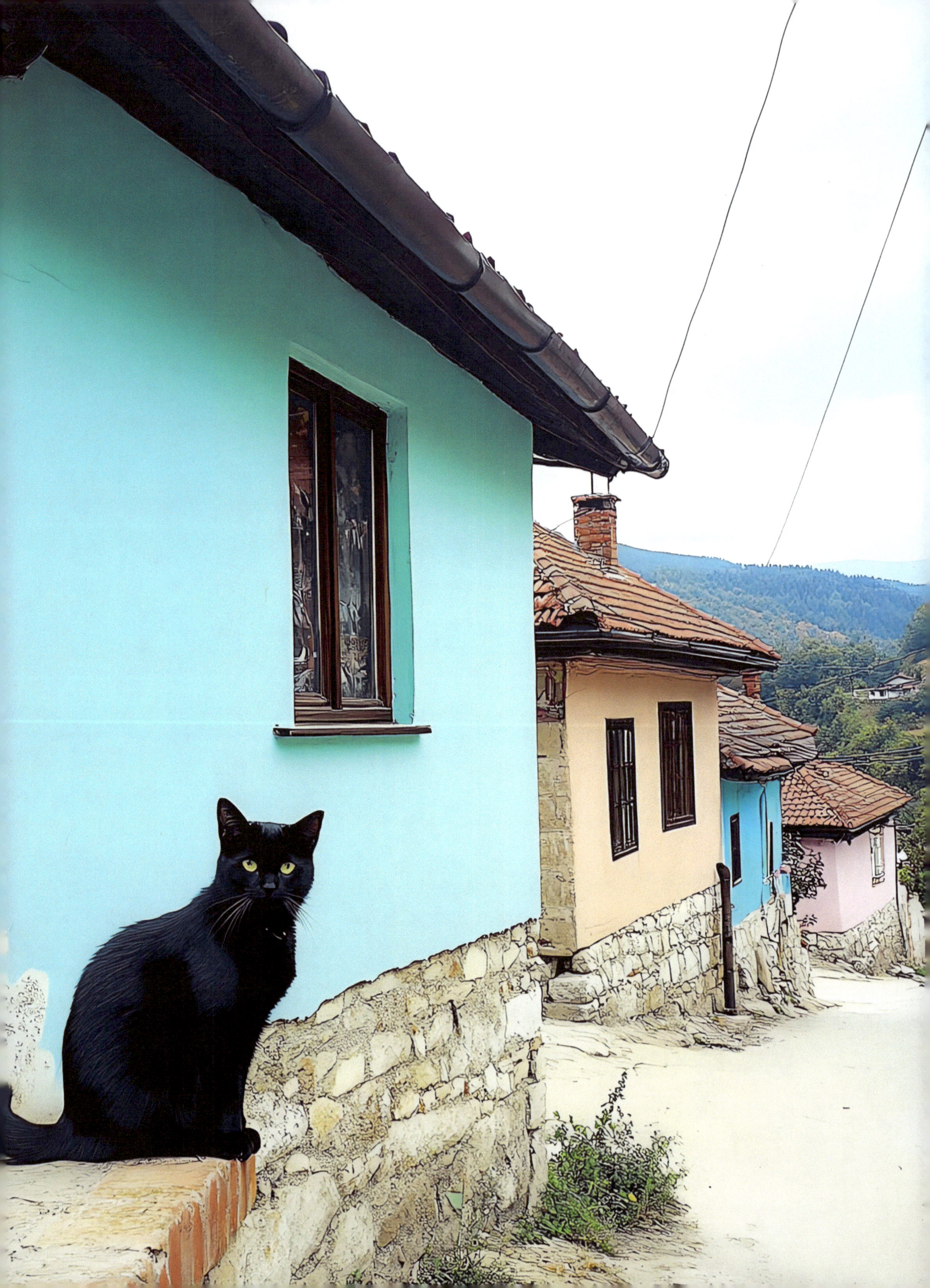

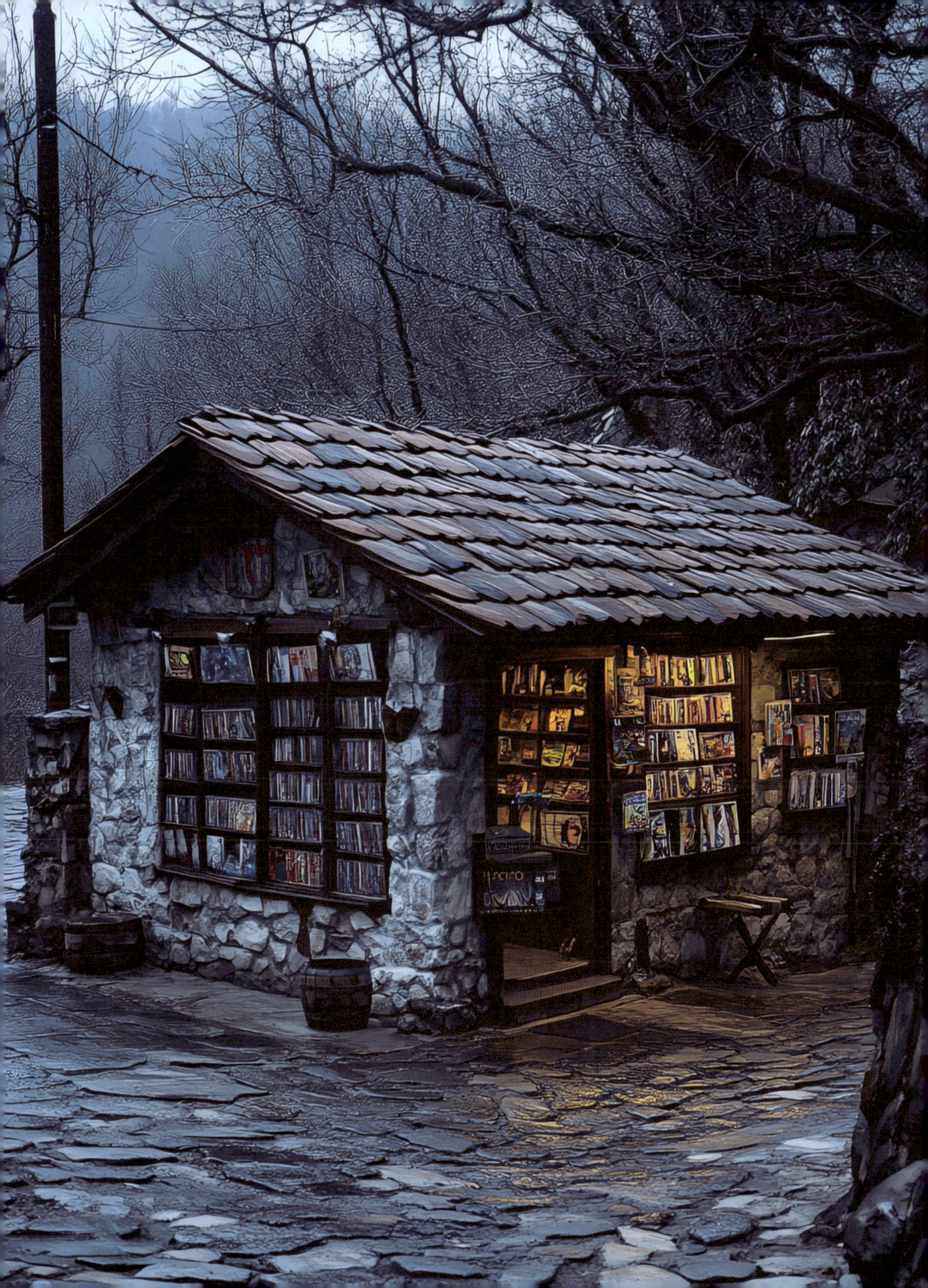

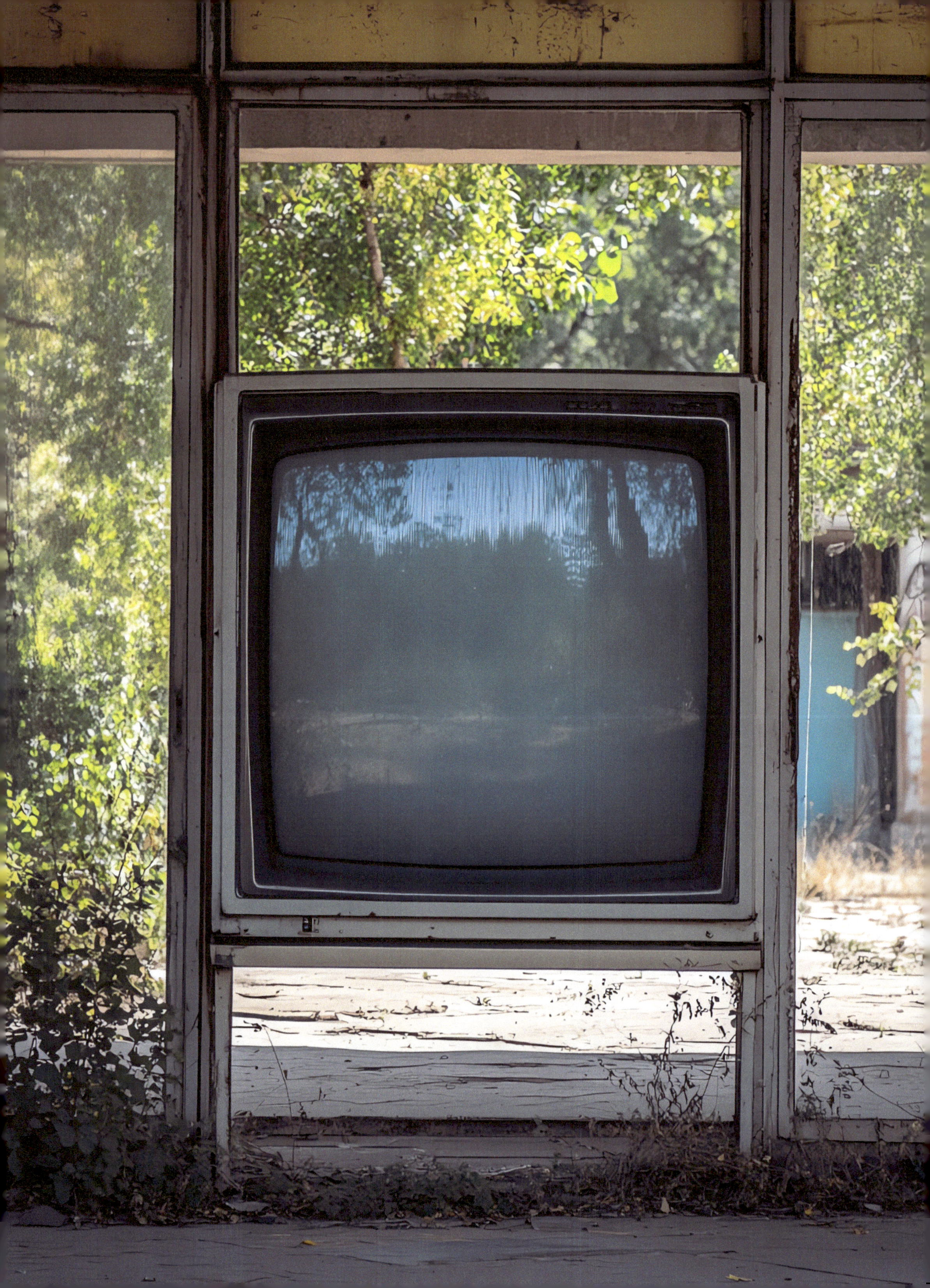

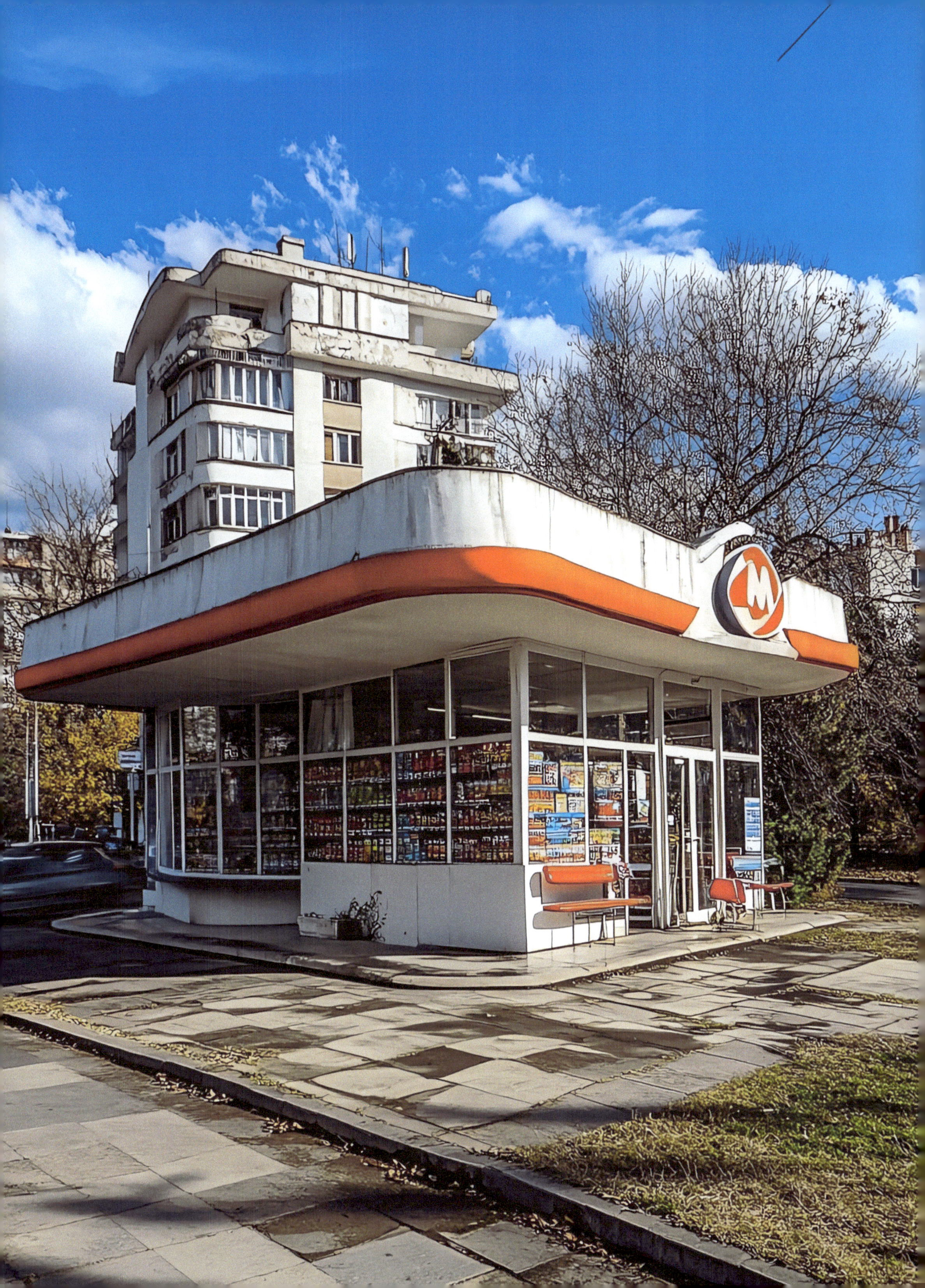

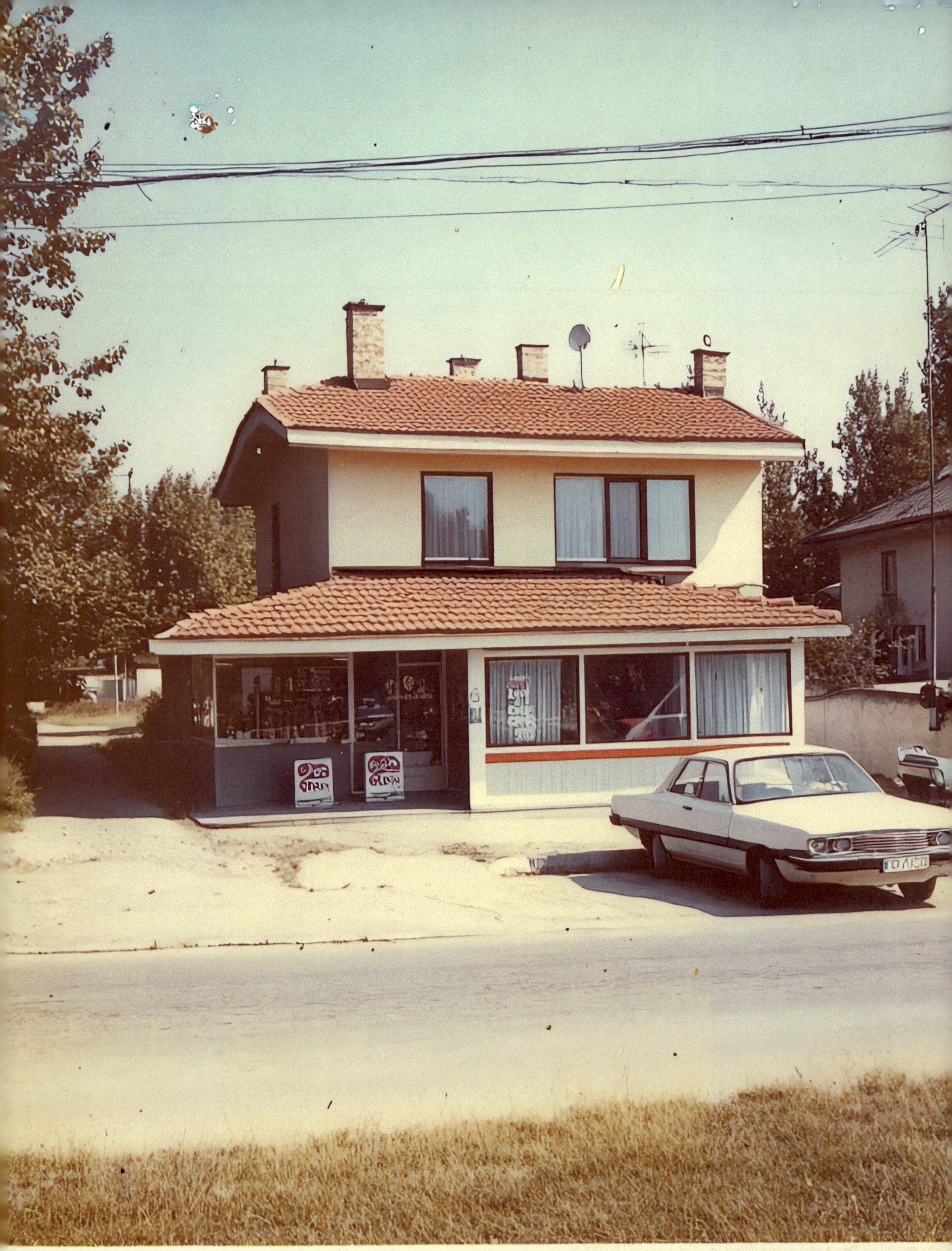

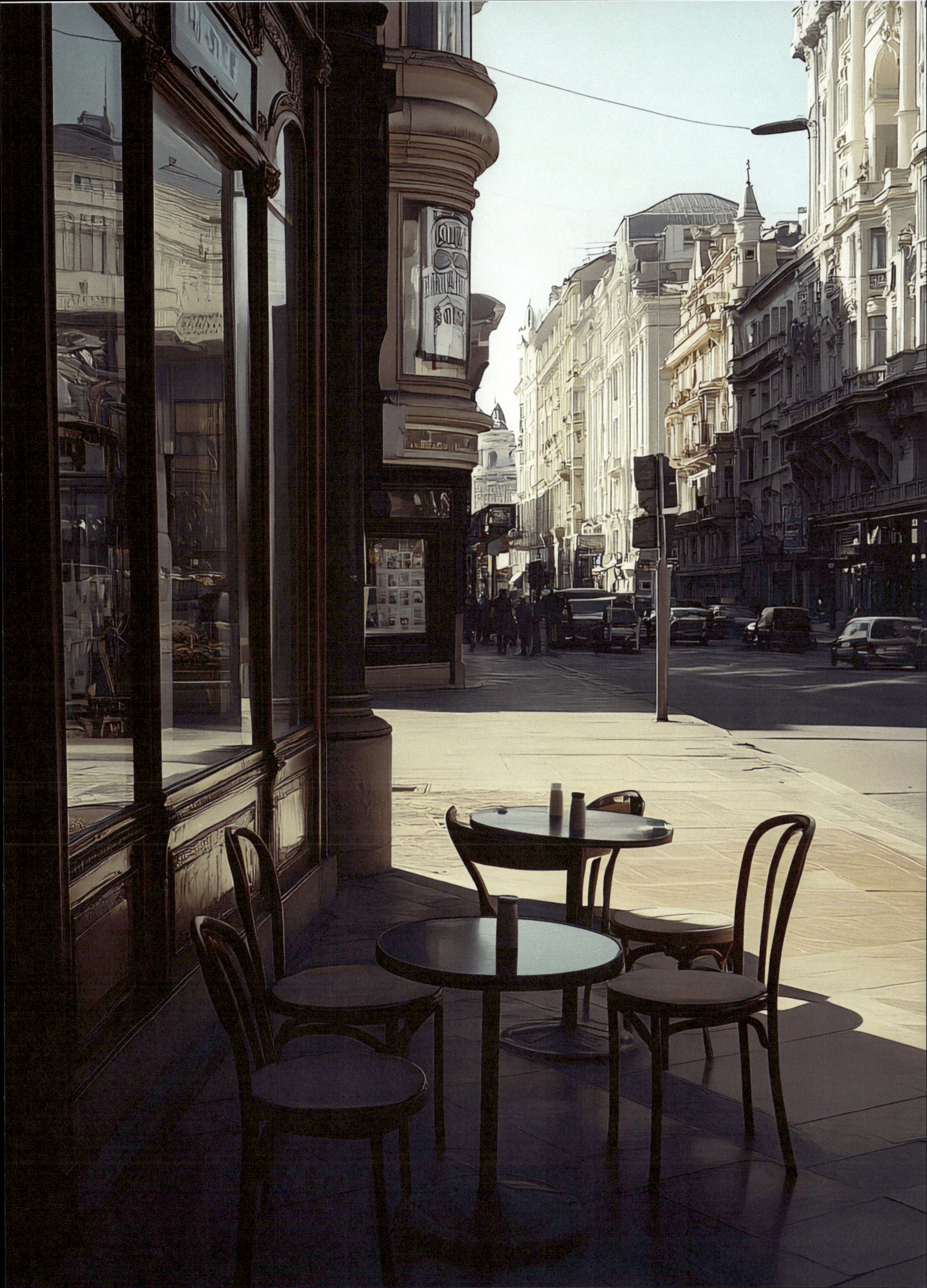

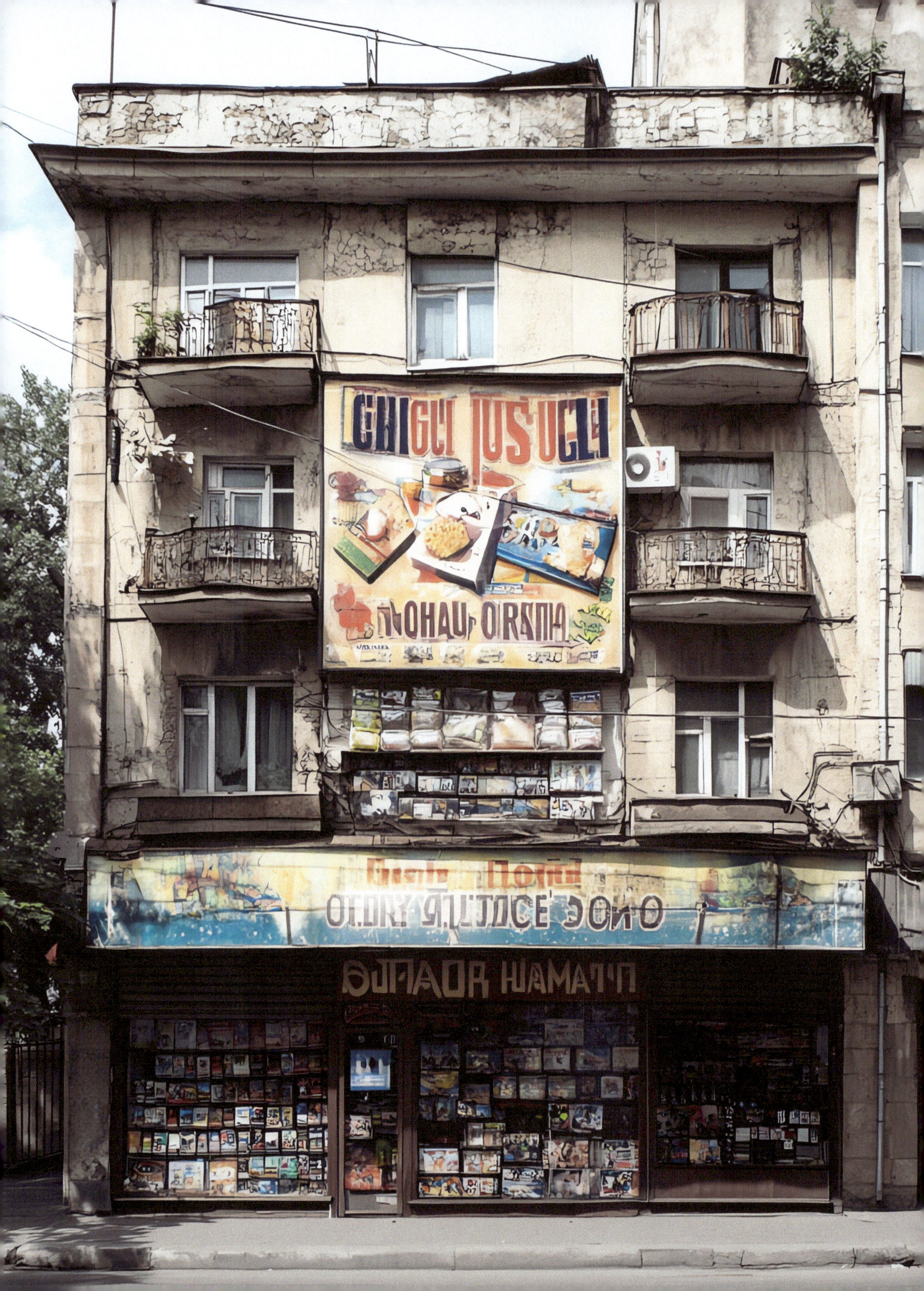

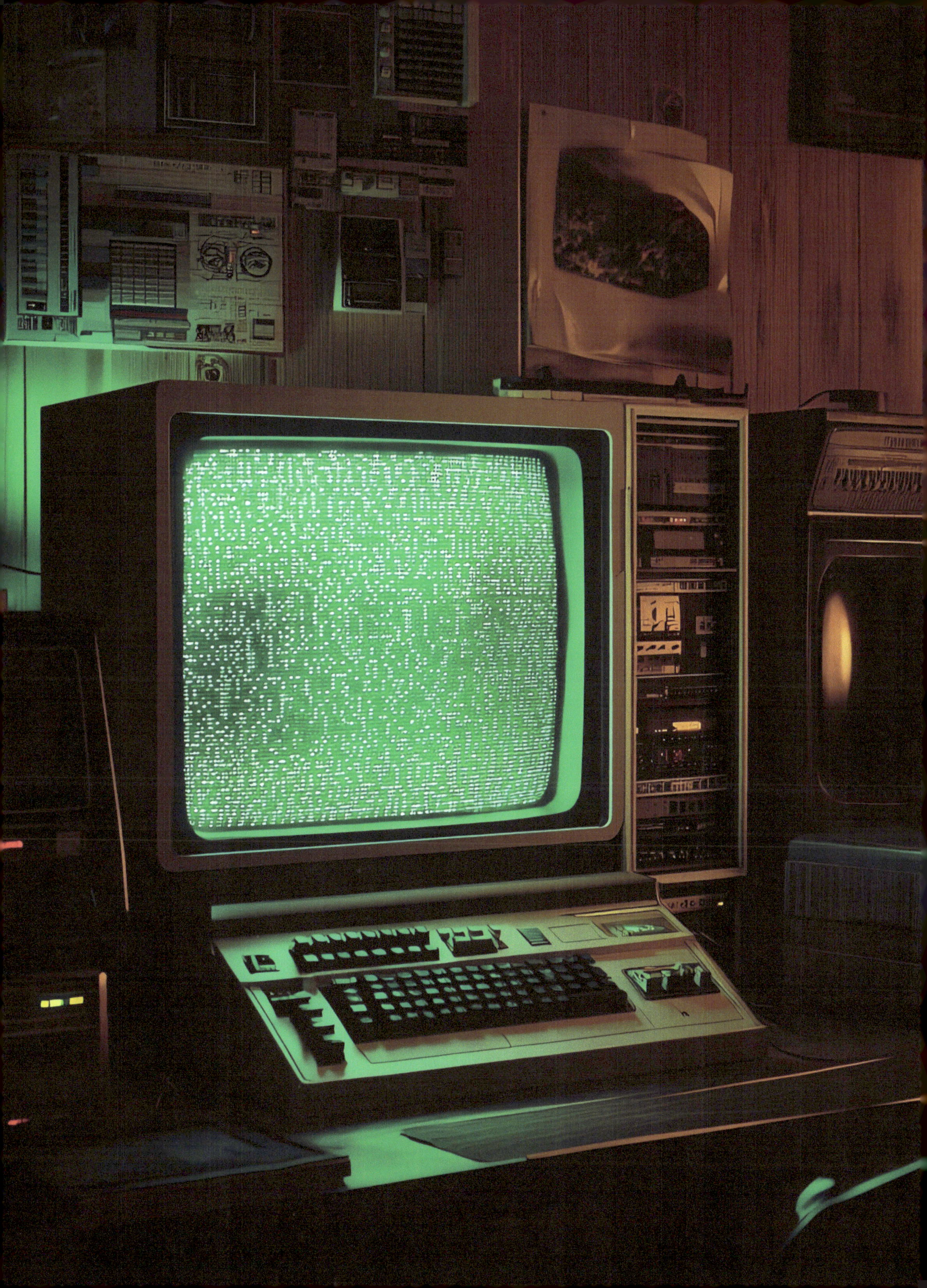

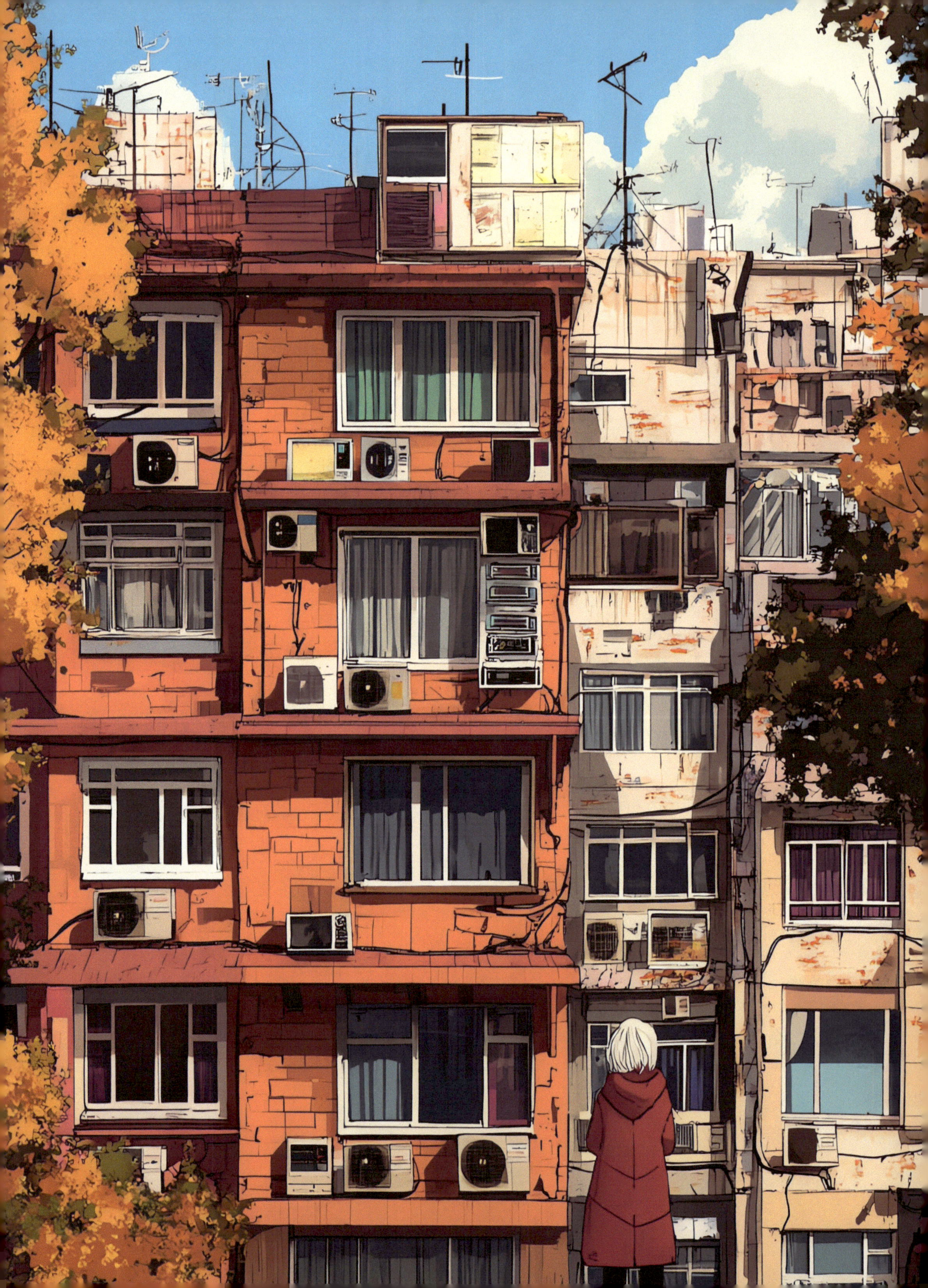

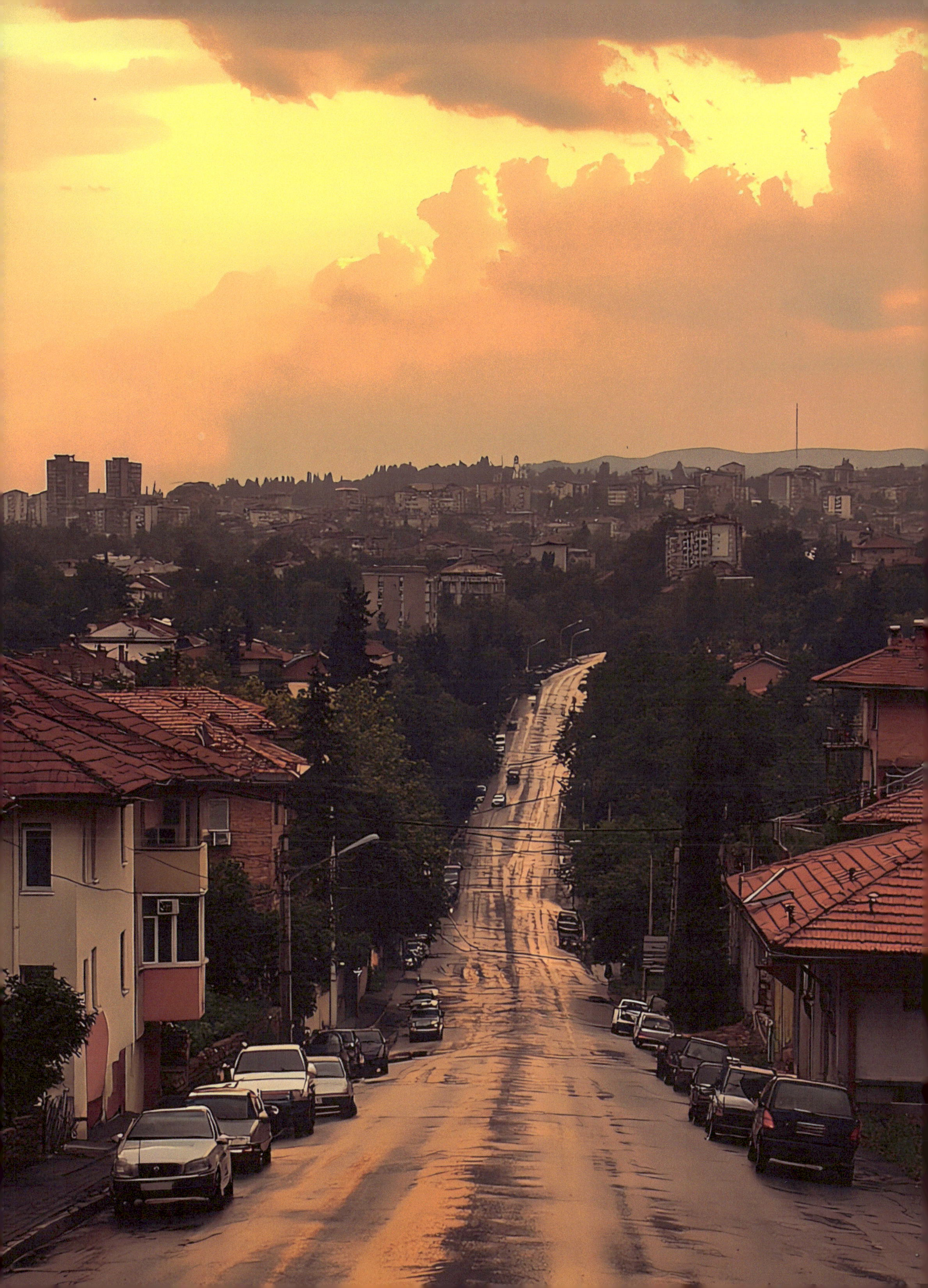

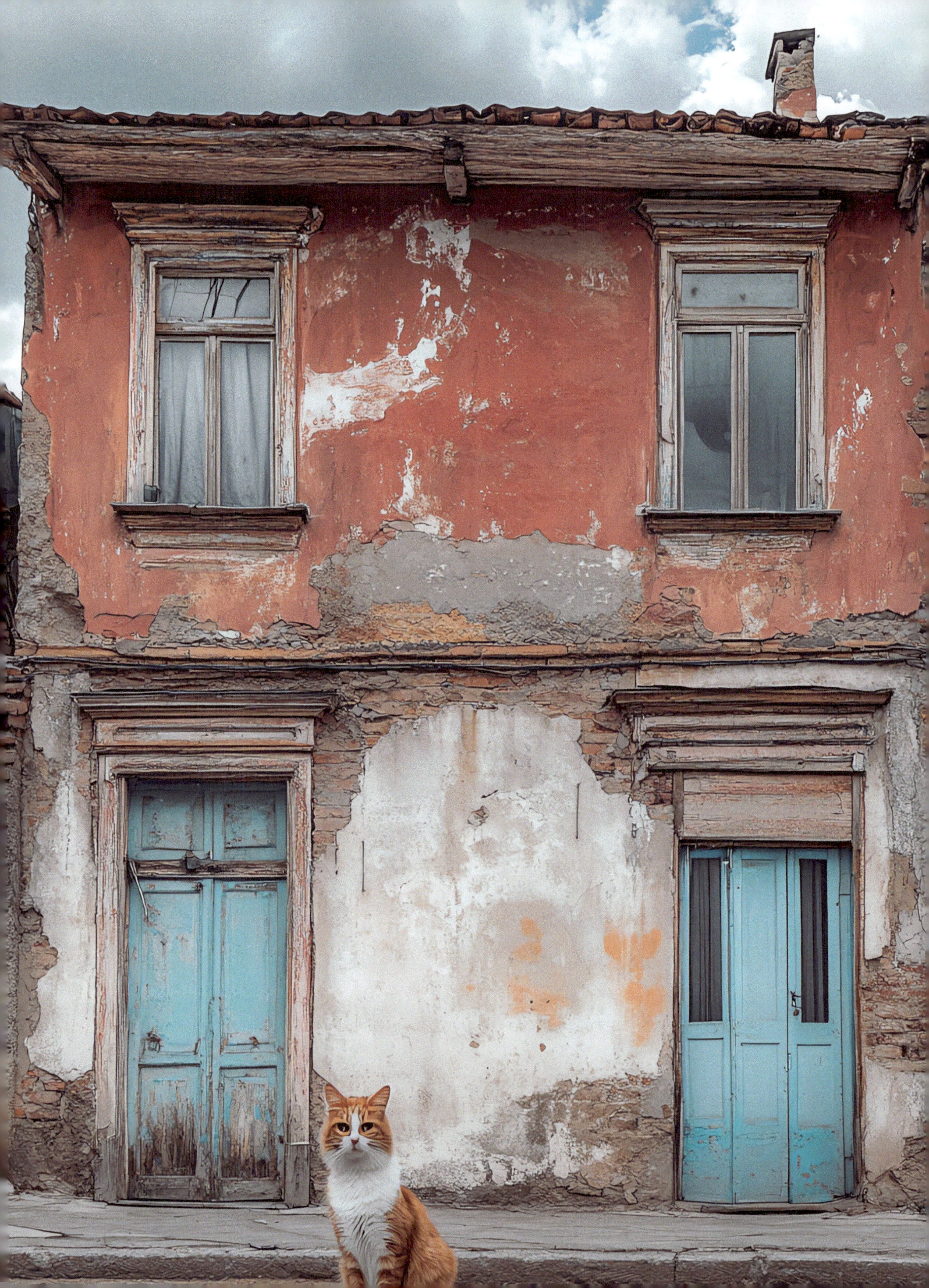

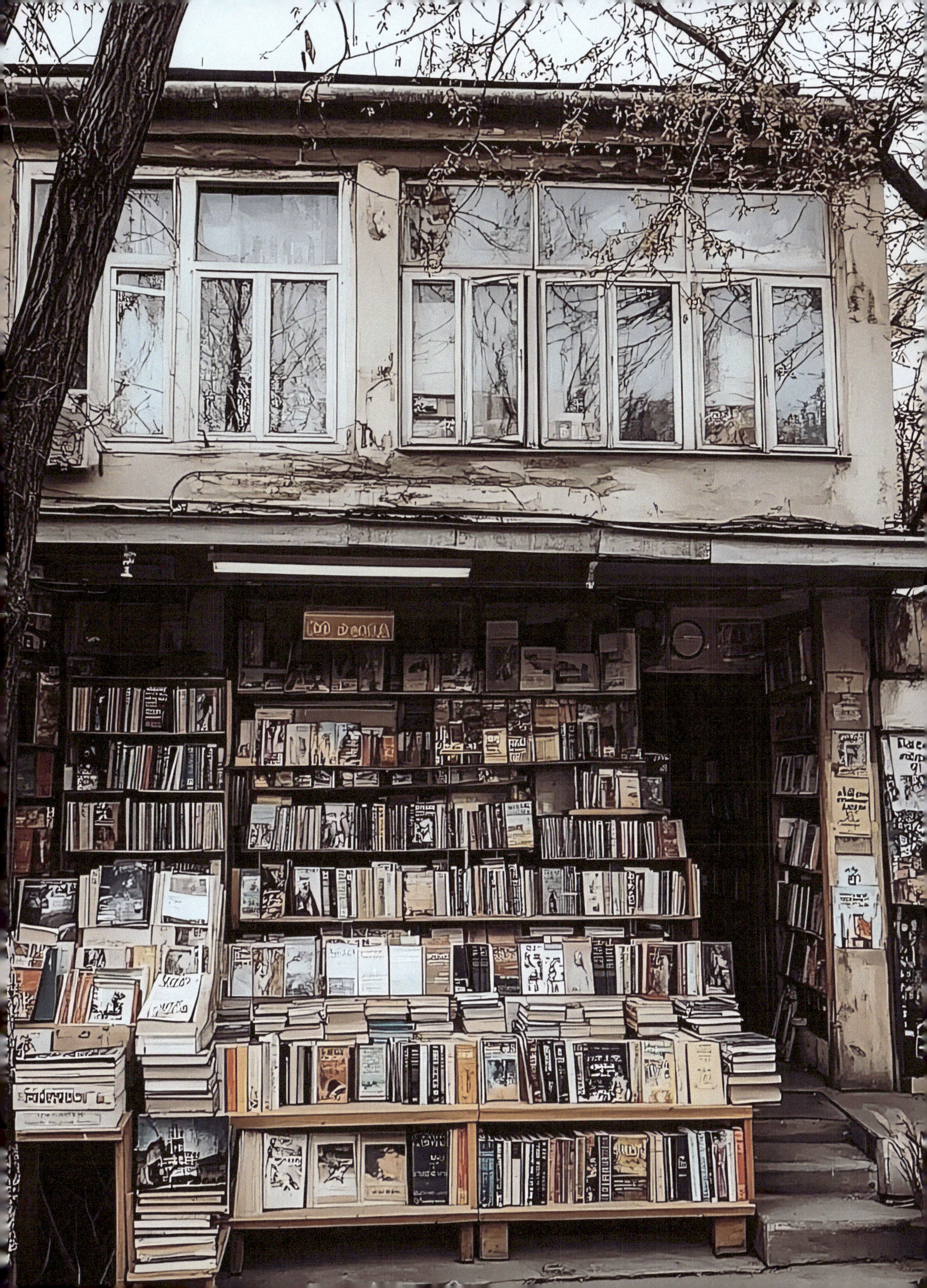

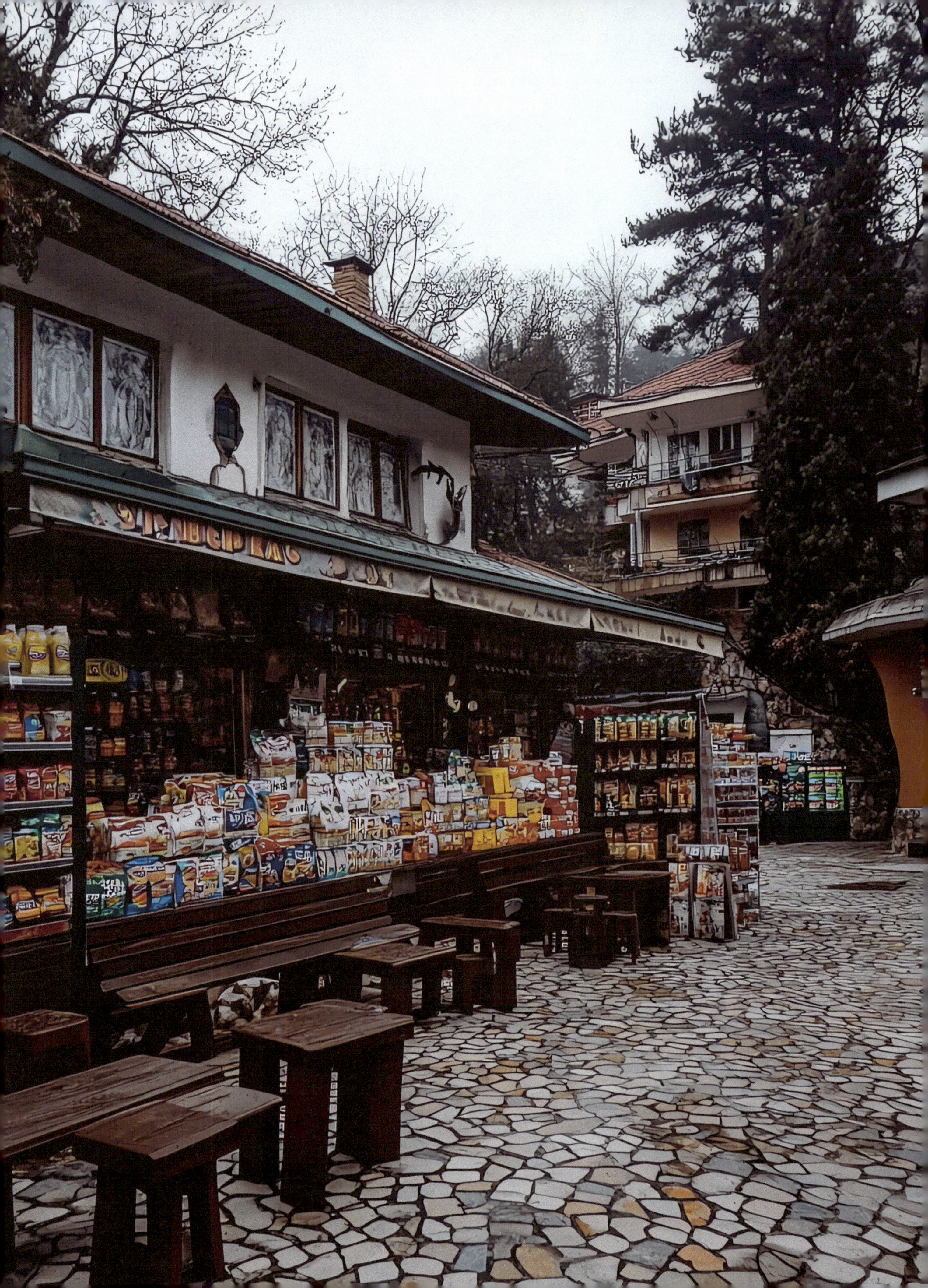

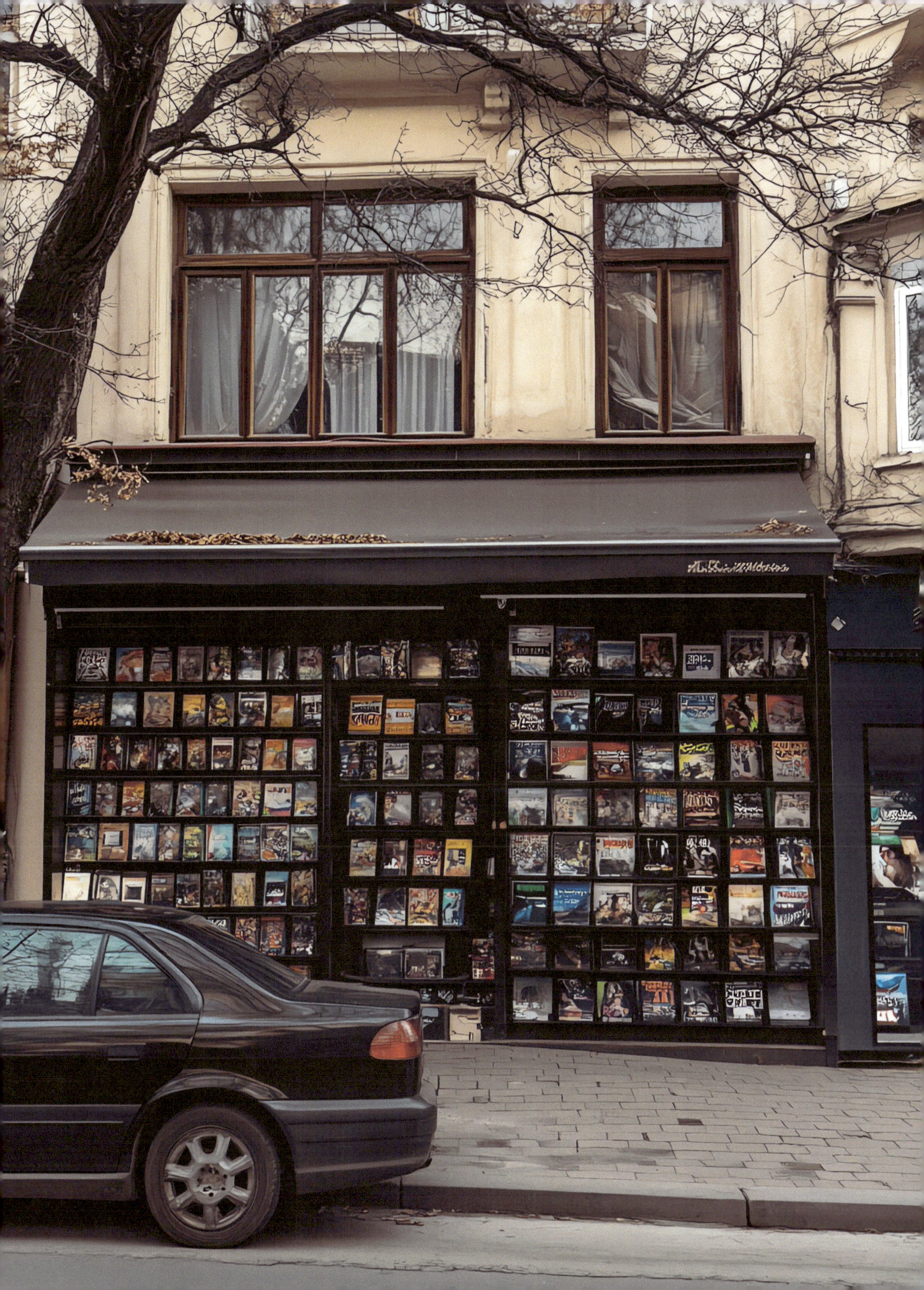

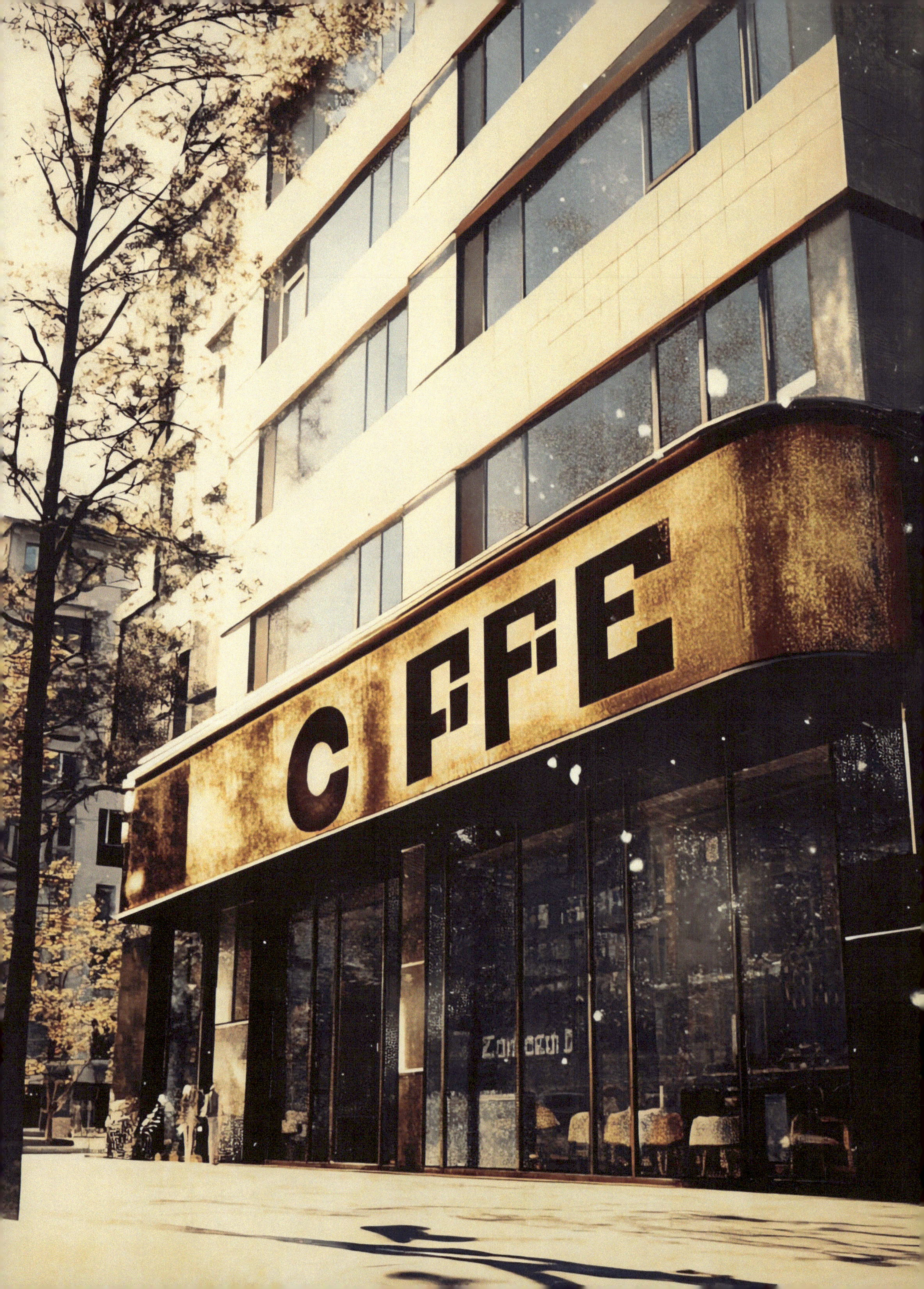

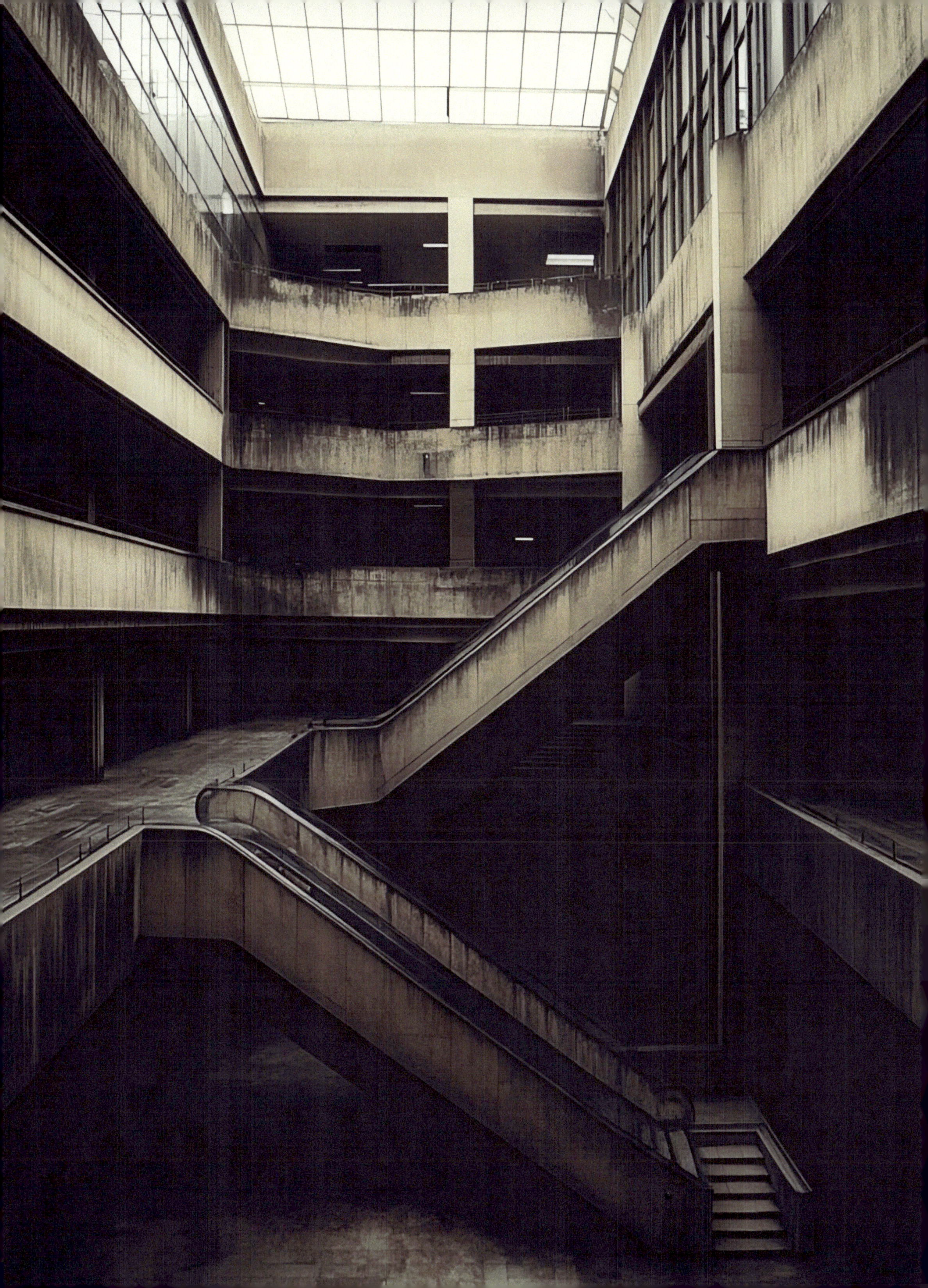

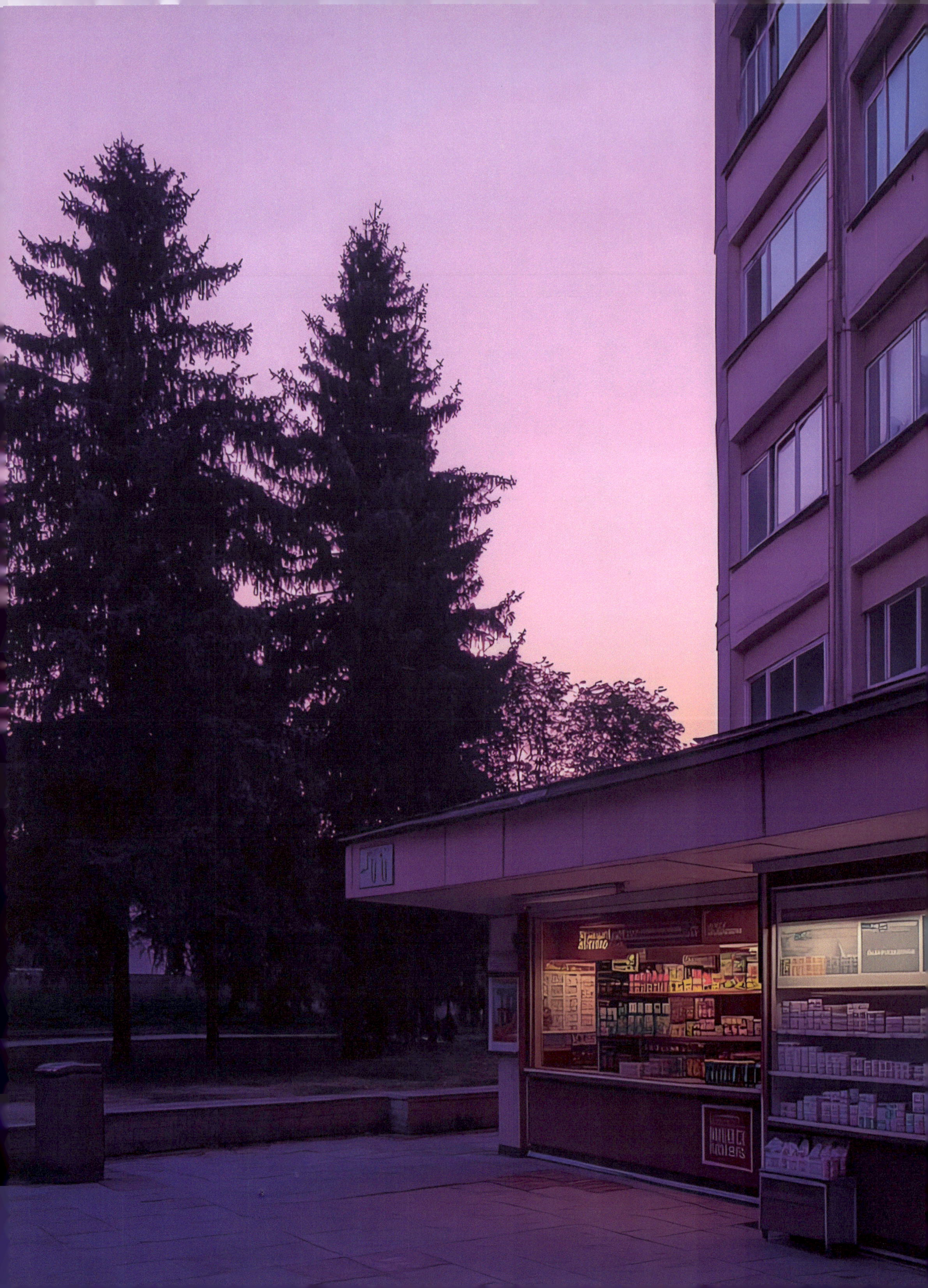

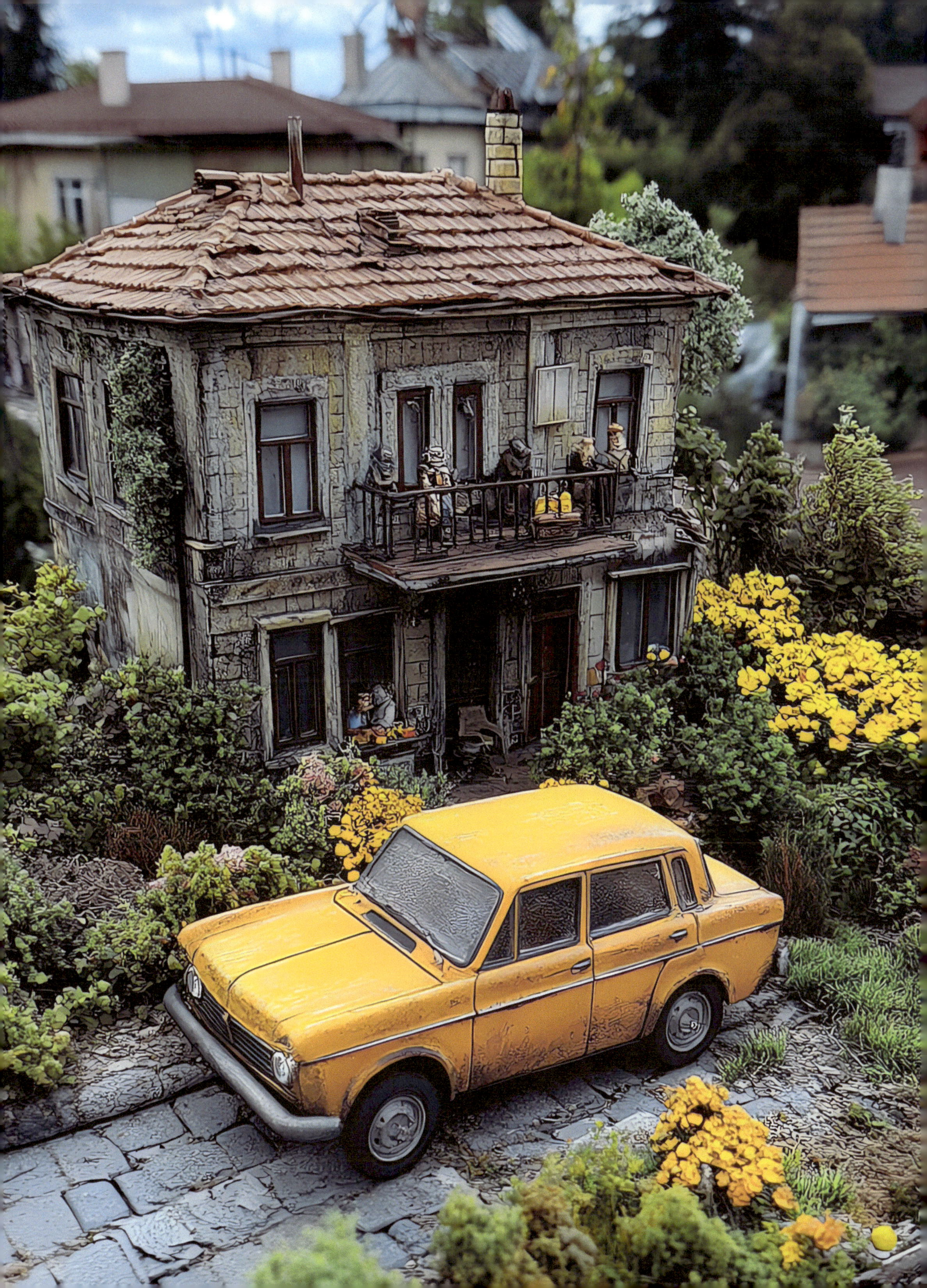

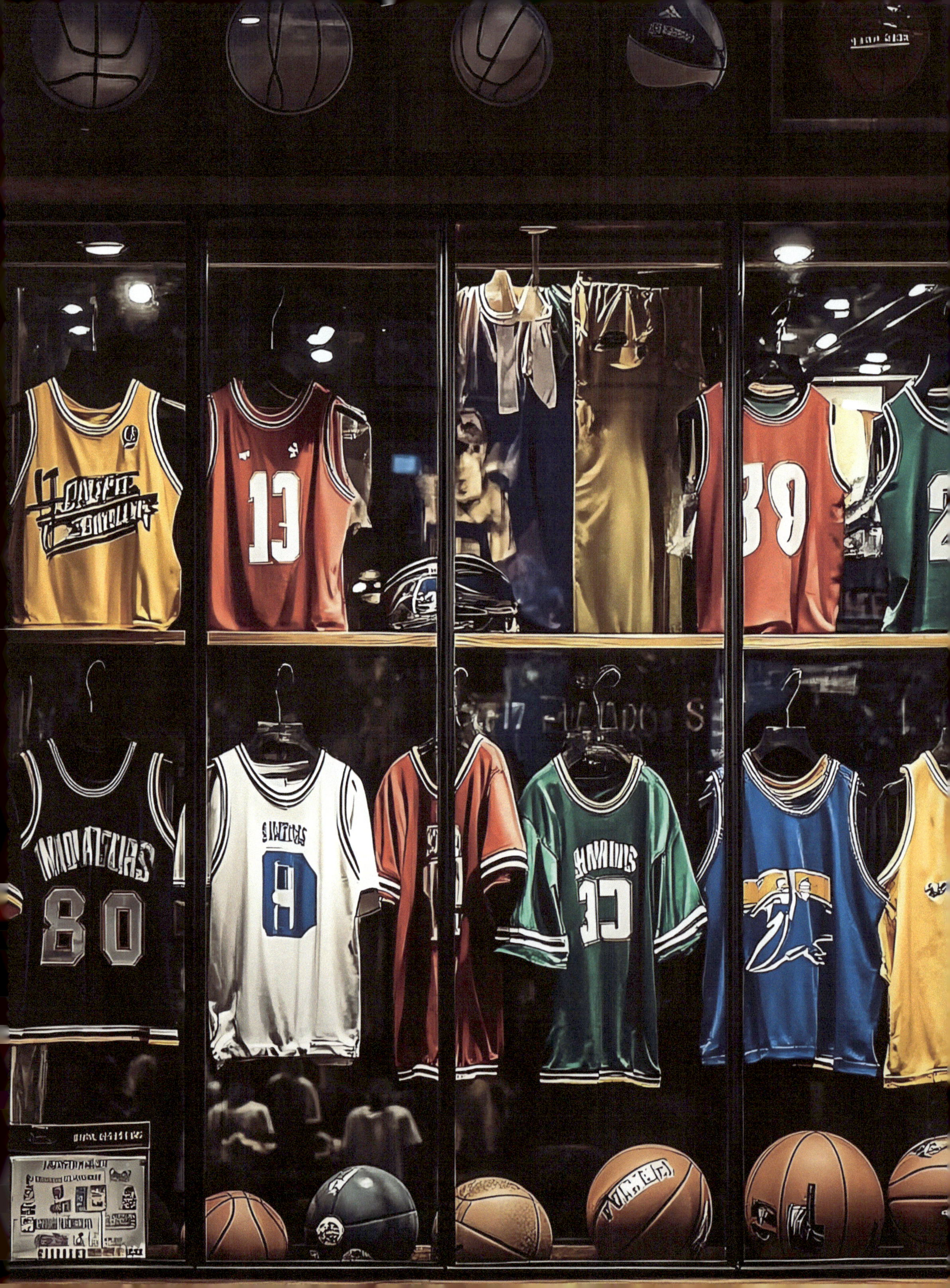
13
39
80

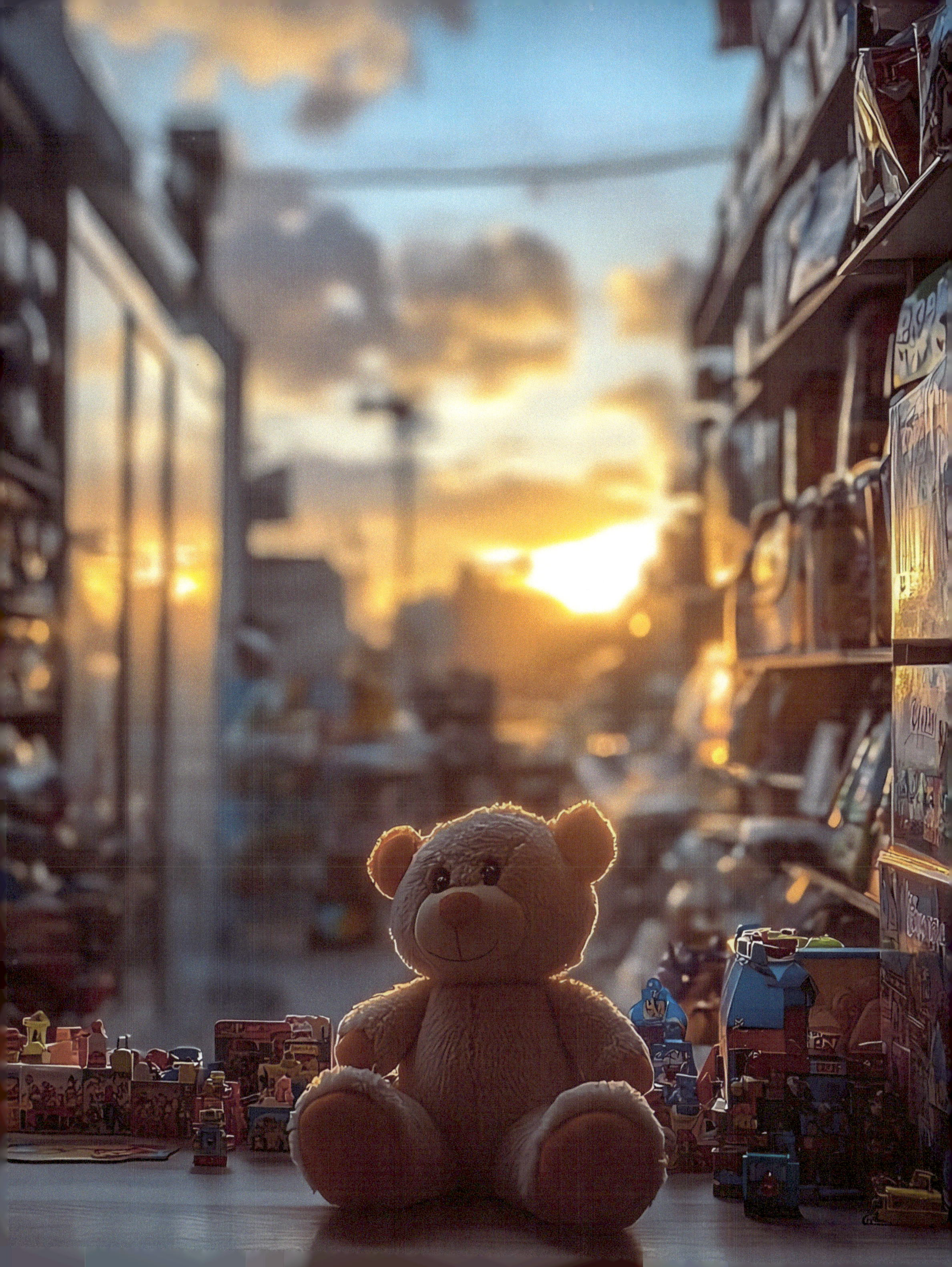

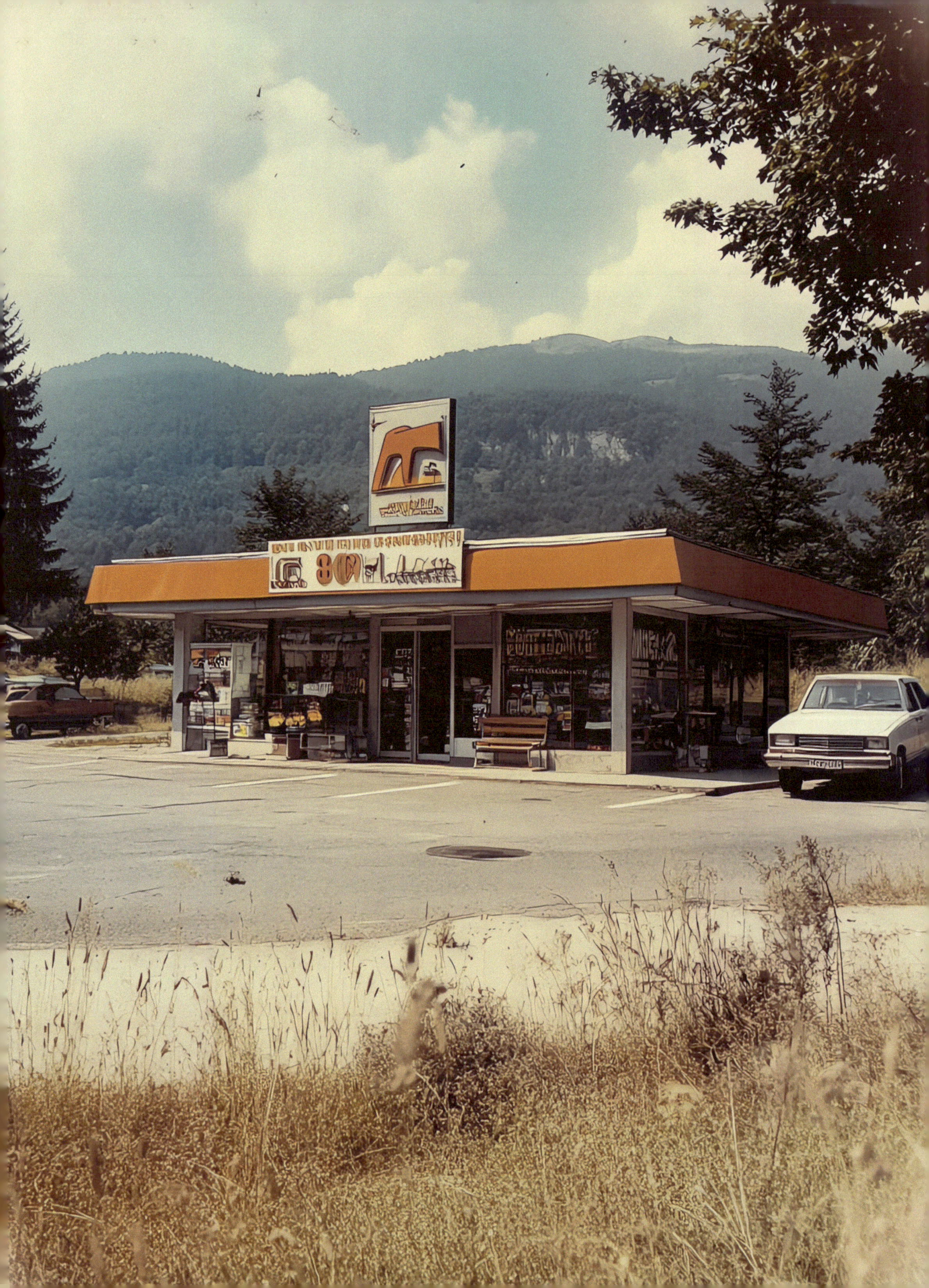

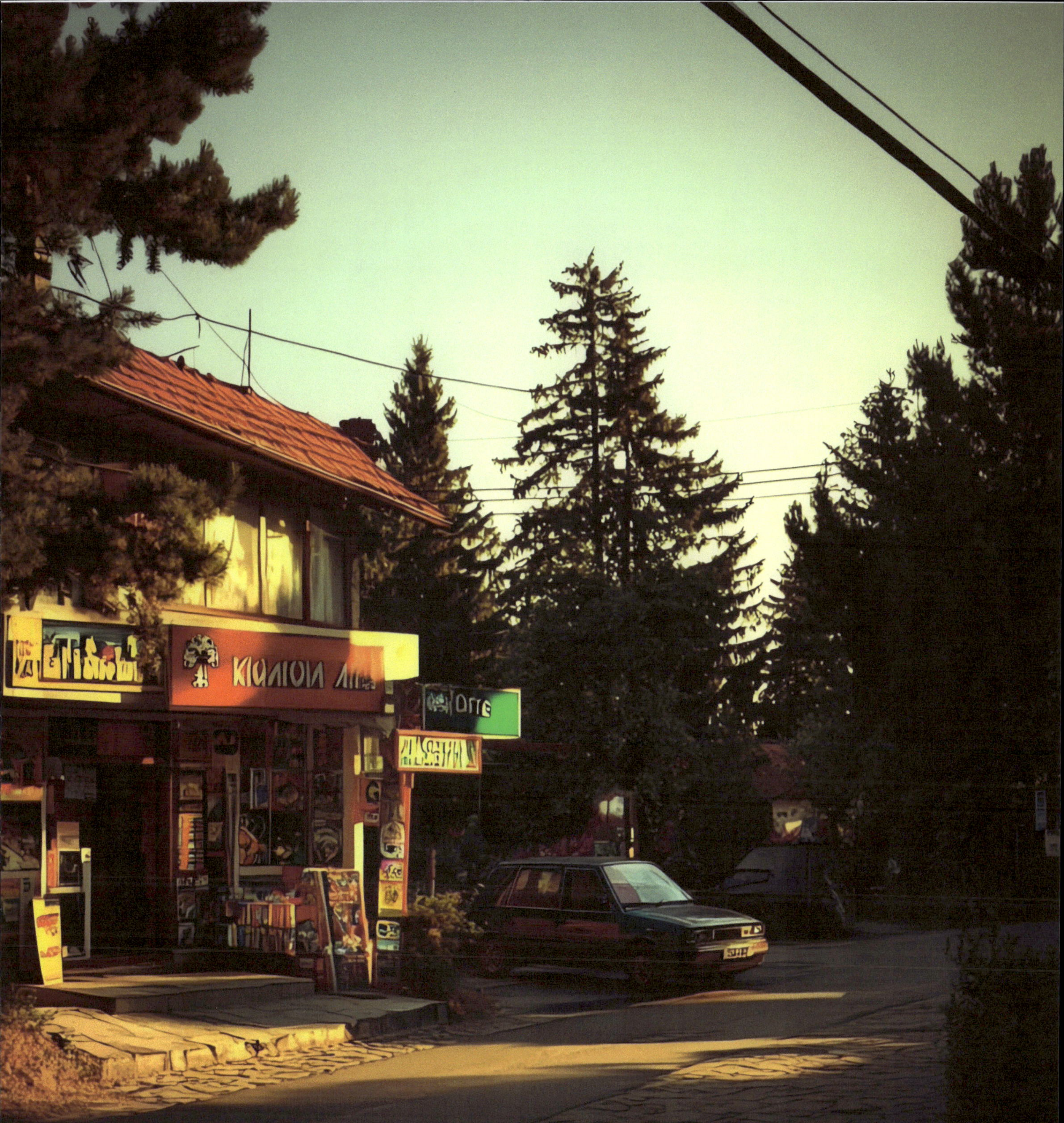

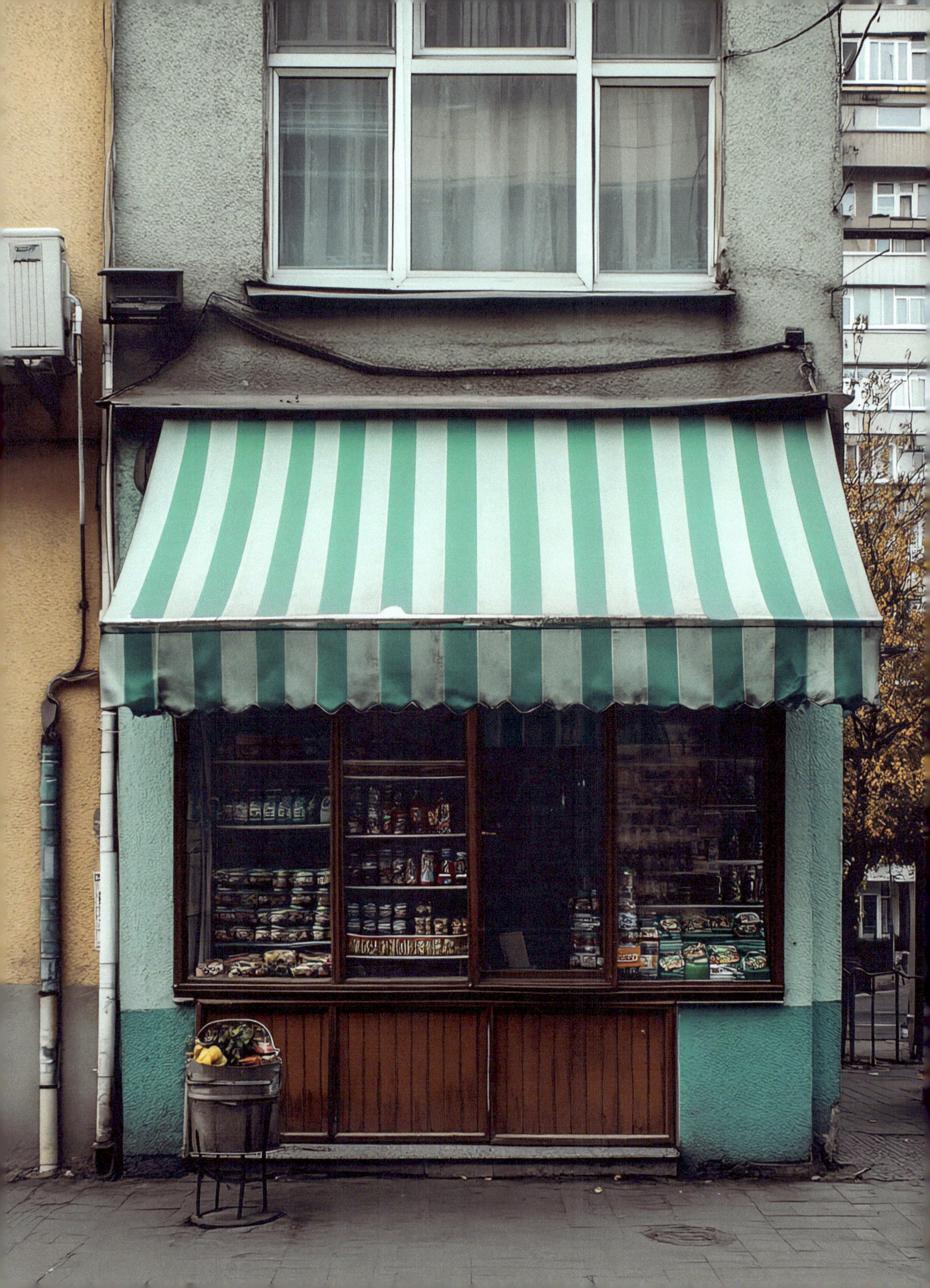

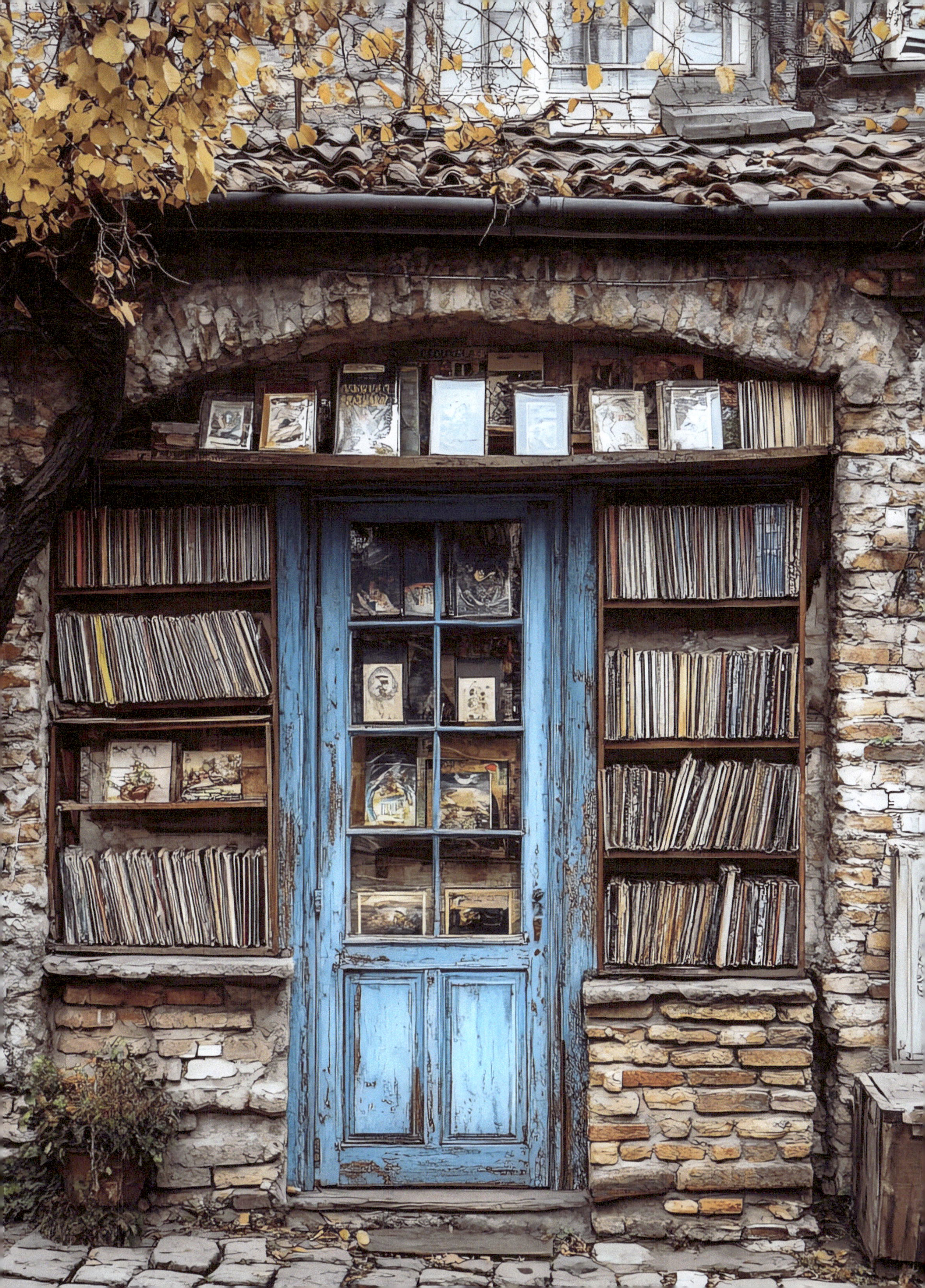

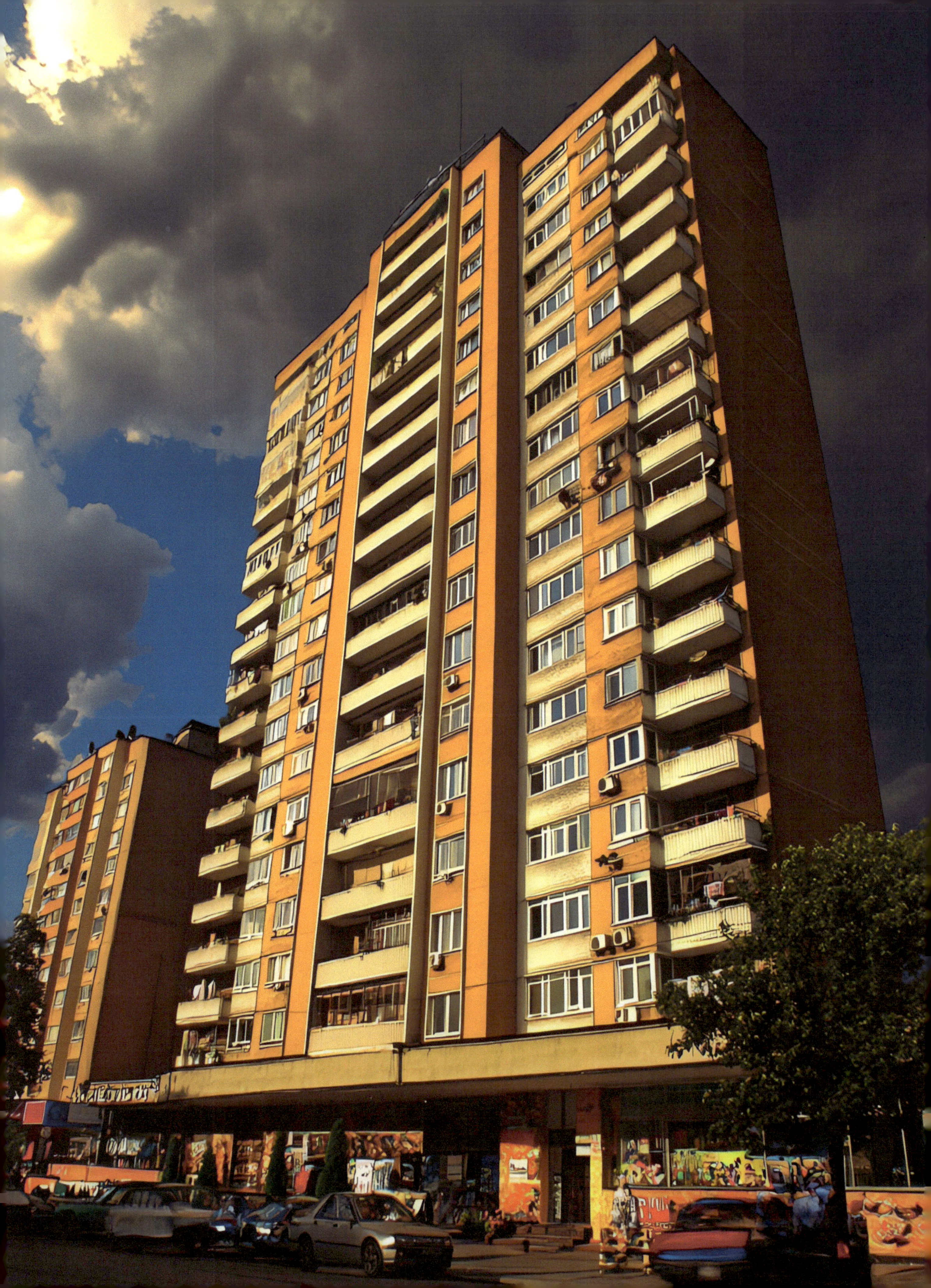

www.ingramcontent.com/pod-product-compliance
Lightning Source LLC
Chambersburg PA
CBHW040423220526
45473CB00004B/1328
* 9 7 9 8 3 0 1 2 2 1 5 6 9 *